# ESQUERDAS DO MUNDO, UNI-VOS!

Boaventura de Sousa Santos

# ESQUERDAS DO MUNDO, UNI-VOS!

BOITEMPO

*Direção editorial* Ivana Jinkings
*Assistência editorial* Andréa Bruno
*Preparação* Thais Rimkus e Thaisa Burani
*Produção e diagramação* Livia Campos
*Capa* Antonio Kehl

*Equipe de apoio*
Artur Renzo, Carolina Mercês, Clarissa Bongiovanni, Débora Rodrigues, Dharla Soares, Elaine Ramos, Frederico Indiani, Heleni Andrade, Higor Alves, Isabella Marcatti, Ivam Oliveira, Joanes Sales, Kim Doria, Luciana Capelli, Marina Valeriano, Marlene Baptista, Maurício Barbosa, Pedro Davoglio, Raí Alves, Talita Lima, Tulio Candiotto

CIP-BRASIL. CATALOGAÇÃO NA PUBLICAÇÃO
SINDICATO NACIONAL DOS EDITORES DE LIVROS, RJ

S233e
2. ed.

Santos, Boaventura de Sousa, 1940-
Esquerdas do mundo, uni-vos! / Boaventura de Sousa Santos ; prólogos de Nilma Lino Gomes, Sonia Guajajara, Manuela D'Ávila ; prefácios de Giovanni Allegretti, Gustavo Esteva ; orelha de Tarso Genro, Guilherme Boulos. - 2. ed. - São Paulo : Boitempo, 2019.

ISBN 978-85-7559-710-1

1. Ciência política. 2. Direita e esquerda (Ciência política). I. Gomes, Nilma Lino. II. Guajajara, Sonia. III. D'Ávila, Manuela. IV. Allegretti, Giovanni. V. Esteva, Gustavo. VI. Genro, Tarso. VII. Boulos, Guilherme. VIII. Título.

19-57409 CDD: 320
CDU: 32

Vanessa Mafra Xavier Salgado - Bibliotecária - CRB-7/6644



1ª edição: março de 2018
2ª edição: outubro de 2019

BOITEMPO
Jinkings Editores Associados Ltda.
Rua Pereira Leite, 373
05442-000 São Paulo SP
Tel.: (11) 3875-7250 / 3875-7285
editor@boitempoeditorial.com.br | www.boitempoeditorial.com.br
www.blogdaboitempo.com.br | www.facebook.com/boitempo
www.twitter.com/editoraboitempo | www.youtube.com/tvboitempo

# Sumário

# Prefácio à primeira edição

Tenho escrito muito sobre as esquerdas, o seu passado e o seu futuro[1].

Tenho preferência pelas questões de fundo, coloco-me sempre numa perspectiva de médio e longo prazos e evito entrar nas conjunturas do momento. Neste livro, contudo, sigo um ponto de vista diferente: centro-me na análise da conjuntura de alguns países – e é a partir dela que apresento questões de fundo e me movo para escalas temporais de médio e longo prazos. Para a edição brasileira, escrevi uma longa introdução sobre a encruzilhada

---

[1] Ver Boaventura de Sousa Santos, "Una izquierda con futuro", em Rodríguez Garavito et al., *La nueva izquierda en América Latina. Sus orígenes y trayectoria futura* (Bogotá, Norma, 2005), p. 437-57; *Democracia al borde del caos. Ensayo contra la autoflagelación* (Bogotá/Cidade do México, Siglo del Hombre/Siglo XXI, 2014); *A difícil democracia. Reinventar as esquerdas* (São Paulo, Boitempo, 2016); *La difícil democracia. Una mirada desde la periferia europea* (Madri, Akal, 2016); *Democracia y transformación social* (Bogotá/Cidade do México, Siglo del Hombre/Siglo XXI, 2017); *Pneumatóforo. Escritos políticos (1981-2018)* (Coimbra, Almedina, 2018); com José Manuel Mendes, *Demodiversidad: imaginar nuevas posibilidades democráticas* (Madri, Akal, 2017) [ed. bras.: *Demodiversidade: imaginar novas possibilidades democráticas*, Belo Horizonte, Autêntica, 2018].

em que, em minha opinião, se encontra a democracia do país.

Dada a natureza da reflexão e da análise feitas, muito do que está escrito aqui (neste texto concluído no início de fevereiro de 2018) talvez não tenha atualidade alguma dentro de meses – ou mesmo semanas. A utilidade dele pode estar precisamente nisso, no fato de proporcionar uma análise retrospectiva da atualidade política e do modo como ela nos confronta quando não sabemos como vai se desenrolar. E também pode contribuir para ilustrar a humildade com que as análises devem ser feitas e a distância crítica com que devem ser recebidas. Talvez este livro possa ser lido como uma análise não conjuntural da conjuntura.

De partida, devo tornar claro o que entendo por *esquerda*. Esquerda é o conjunto de teorias e práticas transformadoras que, ao longo dos últimos 150 anos, resistiram à expansão do capitalismo e aos tipos de relações econômicas, sociais, políticas e culturais que ele gera e que, assim, procederam na crença da possibilidade de um futuro pós-capitalista, de uma sociedade alternativa, mais justa, porque orientada para a satisfação das necessidades reais das populações, e mais livre, porque centrada na realização das condições do efetivo exercício da liberdade.

Num mundo cada vez mais interdependente, tenho insistido na necessidade de aprendizagens globais. Nenhum país, cultura ou continente pode hoje arrogar-se o privilégio de ter encontrado a melhor solução para os problemas com que o mundo se confronta e muito menos o direito de a impor a outros países, culturas ou continentes. A alternativa está nas aprendizagens globais, sem perder de vista os contextos e as necessidades específicas de cada um. Tenho defendido as epistemologias do Sul como uma das vias para promover tais aprendizagens – e de o fazer a partir das experiências dos grupos sociais que sofrem nos diferentes países a exclusão e a discriminação causadas pelo capitalismo, pelo colonialismo e pelo patriarcado. Ora, as necessidades e as aspirações de tais grupos sociais devem ser a referência privilegiada das forças de esquerda em todo o mundo, sendo as aprendizagens globais um instrumento precioso nesse sentido. Acontece que as forças de esquerda têm enorme dificuldade em conhecer as experiências de outras forças de esquerda noutros países e em se dispor a aprender com elas. E não estão interessadas em conhecer profundamente as realidades políticas de outros países nem dão a atenção devida ao contexto internacional e às forças econômicas e políticas que o dominam. O desaparecimento da análise das múltiplas faces do imperialismo é prova disso. Além disso, tendem a ser pouco sensíveis à diversidade cultural e política do mundo.

Que as forças de esquerda do Norte global (Europa e América do Norte) sejam eurocêntricas não é novidade para ninguém. O que talvez seja menos conhecido é que a maior parte das forças de esquerda do Sul global é igualmente eurocêntrica nas referências culturais que subjazem às suas análises. Basta ter em conta as atitudes racistas de muitas forças de esquerda da América Latina em relação aos povos indígenas e afrodescendentes.

Com o objetivo muito limitado de analisar a conjuntura das forças de esquerda em alguns países, este livro pretende ampliar o conhecimento mútuo entre elas e sugerir possibilidades de articulação, tanto nacional como internacionalmente.

# Prefácio à segunda edição

A primeira edição deste livro despertou muito o interesse do público. Talvez as condições políticas em certos países tenham sido um convite ao tipo de reflexão e propostas que faço aqui. Por outro lado, a solução portuguesa de articulação entre forças de esquerda foi pouco a pouco tornando-se mais conhecida internacionalmente, e seus resultados foram mostrando que se estava diante não apenas de uma novidade passageira e inconsequente, mas de uma inovação política consistente e portadora de esperança, capaz de abrir brechas nas paredes aparentemente estanques em que o neoliberalismo quisera encerrar a política, a economia e, afinal, as justas aspirações das cidadãs e dos cidadãos por uma sociedade melhor. Para o êxito do livro no Brasil contribuiu também o fato de ter sido divulgado amplamente que ele figurava entre os que o ex-presidente Luiz Inácio Lula da Silva estava lendo na prisão à qual um sistema judicial politicamente manipulado o condenara injustamente, transformando-o, talvez, no mais famoso preso político da contemporaneidade.

Como referi no prefácio à primeira edição, este livro pretende ser um livro não conjuntural da conjuntura. Não conjuntural porque responde ao momento estrutural que atravessamos e que caracterizo como um momento reacionário global, com diferentes matizes em diferentes países e regiões do globo. Há certamente muitas respostas progressistas a este momento. A que selecionei consiste na exigência de uma nova convivência entre diferentes forças de esquerda. Não se trata de uma proposta utópica. Procuro antes valorizar a amplificar simbolicamente o significado da experiência portuguesa desde 2016, uma experiência governativa assente numa articulação entre forças de esquerda que tradicionalmente estiveram sempre separadas e que, aliás, se hostilizaram praticamente sem interrupção.

Ao longo de 2018, ocorreram grandes transformações políticas na maioria dos países analisados na primeira edição desta obra, muito particularmente no Brasil. Esta nova edição dá conta dessas transformações. Para a atualização dos casos português e brasileiro, beneficiei-me de discussões com tantos companheiros e companheiras que prefiro não os mencionar individualmente, a fim de não incorrer em omissões injustas. Para a atualização dos outros contextos, beneficiei-me da participação de um grupo de colaboradores amigos e generosos que há muito acompanham meu trabalho. Reconstruí suas contribuições em função de minhas perspectivas sobre os temas abordados que, como é natural, nem sempre concordaram com as deles. Para o caso da Espanha, Antoni Aguiló atualizou o texto em face de vários acontecimentos, em especial a moção de censura ao governo de Mariano Rajoy em junho de 2018 e o governo socialista que se seguiu. Para o caso do México, Gustavo Esteva, Orlando Aragón, Jorge Alonso e German Sandoval responderam de forma positiva e generosa a meu apelo. As diferenças analíticas entre eles próprios são bem reveladoras da complexidade do contexto político mexicano. Na Colômbia, Bryan Vargas Reyes analisa com profundidade o processo eleitoral e as dificuldades na articulação entre forças de esquerda de que resultou a vitória presidencial de Iván Duque (direita uribista). Todos se preocuparam em analisar os eventos tendo em mente o argumento principal do livro: os desafios, as vicissitudes, as limitações e as possibilidades de articulação entre forças de esquerda para enfrentar o ciclo reacionário em que nos encontramos. A todos, um agradecimento muito especial.

Na parte final do livro incluo agora os prefácios às edições italiana e mexicana. Trata-se de análises específicas que contribuem para contextualizar ainda mais as investigações contidas neste livro e por isso o enriquecem. Mostram que a tarefa de articular as diferentes esquerdas na defesa da democracia e dos direitos fundamentais está hoje presente em muitos países – e também que em todos eles são muitas as dificuldades para levar a cabo tal tarefa.

Esta nova edição conta com prólogos de três pessoas que muito admiro pelo seu ativismo social e político com quem tenho partilhado diversas jornadas de luta: Nilma Nilo Gomes, Sonia Guajajara e Manuela d'Ávila. Nilma Gomes é professora da Universidade Federal de Minas Gerais e foi ministra das Mulheres, da Igualdade Racial e dos Direitos Humanos no governo da presidenta Dilma Rousseff; Sonia Guajajara é coordenadora executiva da Associação dos Povos Indígenas do Brasil e foi candidata à vice-presidência nas eleições de 2018, na chapa do PSOL em que Guilherme Boulos era o candidato à presidência; e Manuela d'Ávila é jornalista e mestre em políticas públicas pela Universidade Federal do Rio Grande do Sul, foi vereadora, deputada estadual e federal sempre pelo PCdoB, é diretora executiva e fundadora do instituto E Se Fosse Você?, ONG voltada à criação de conteúdo de combate a *fake news* e ódio nas redes sociais, e foi candidata à vice-presidência em 2018, na chapa do PT.

# Prólogo

**Nilma Lino Gomes**

Aumentar o interconhecimento entre as forças de esquerda e sugerir possibilidades alternativas de como elas podem se articular nacional e internacionalmente. Esses continuam sendo os objetivos centrais discutidos por Boaventura de Sousa Santos nesta segunda edição de *Esquerdas do mundo, uni-vos*!.

Amplamente alcançados por meio de uma análise crítica, atual, política e emancipatória na primeira edição da publicação, esses mesmos objetivos foram retomados e a obra foi atualizada pelo autor, à luz das recentes e dramáticas mudanças políticas e econômicas ocorridas no mundo, em especial nos países considerados referência das lutas contra-hegemônicas contra o capitalismo e o neoliberalismo herdado do século XX.

A análise mais aprofundada sobre a situação brasileira, uma das novidades desta edição, está nas lições que podemos aprender com os erros e acertos da esquerda quando esta teve a oportunidade de chegar ao poder. Ocupar o poder em um país alicerçado em uma estrutura colonial, capitalista, racista e heteropatriarcal é tarefa que sempre exigiu da esquerda coerência de princípios e prudência para não fazer concessões à direita.

Lamentavelmente, nem sempre isso foi possível. E os resultados estão sendo colhidos.

Fazer escolhas políticas que fragilizem essa tarefa é um dos principais equívocos que o campo da esquerda pode cometer quando chega ao poder. Corre-se o risco de perder o vigor da democracia, de focar os alvos errados, de fragilizar o interconhecimento entre partidos e movimentos sociais, de acirrar ainda mais as disputas internas e não reconhecer nem administrar bem as diferenças ideológicas e de pauta. E o que é mais sério: o foco principal de toda e qualquer luta emancipatória – a saber, os sujeitos sociais e o seu direito a uma vida digna, justa, sem preconceitos e sem discriminações – deixa de ter centralidade nas práticas e nas políticas.

A união das esquerdas é um apelo e um alerta retomados com mais força por Boaventura nesta nova edição. Ele nos fala do perigo iminente que vivemos no mundo atual. Engana-se quem pensa que esse perigo é o avanço da versão mais bem-acabada e cruel do neoliberalismo. Trata-se, na realidade, de um fenômeno econômico, político, ideológico e cultural dos mais monstruosos: o fascismo do século XXI.

O fascismo do século XXI não atua nem anda sozinho. Ele precisa de armas para ampliar o seu poder de destruição: capitalismo, racismo, patriarcado, machismo, LGBTfobia, fundamentalismo religioso e político são algumas delas.

No Brasil, a difícil renovação e articulação das forças democráticas e de esquerda deu margem para o fortalecimento de um fascismo de tipo novo e resultou na vitória da extrema direita nas eleições presidenciais de 2018, além do aumento de sua representação no Congresso Nacional.

Retomando a imagem das linhas abissais trabalhadas por Boaventura de Sousa Santos, é possível dizer que, no século XXI, estamos diante de um *fascismo abissal*[1]. Como característica central, o fascismo abissal possui a capacidade de aumentar a extensão do abismo que separa os dois lados da linha. Sua principal estratégia político-ideológica é o impedimento da presença da diversidade de classe, raça, gênero ou ideológica, entre outras. Ele apela para o pensamento obscurantista único. É moralista sem moral.

Em sua articulação com o neoliberalismo, o fascismo abissal despreza tudo o que é nacional, vendendo e privatizando o que antes era público e fora arduamente construído enquanto tal pelas lutas democráticas. Defende a centralização do poder na mão de poucos por meio do aumento da miséria de muitos. Despreza tudo o que é política de garantia de direitos, como se ter direitos fosse um excesso e não parte do exercício da democracia pela qual tantos de nós lutamos. E faz tudo isso envolto no discurso ideológico do nacionalismo exacerbado, enganando muitos. Instaura uma hipnose social tão potente que é capaz de nublar suas reais intenções políticas para a maioria da população.

O fascismo abissal não tem o menor pudor de apregoar pelos quatro cantos da Terra os atributos prioritários para fazer parte do seu seleto grupo. Não basta ter dinheiro, poder e ser de direita. Seu defensor ideal é o tipo homem, branco, hétero, ocidental, rico, violento e fundamentalista, seja no sentido político ou religioso, além de moralista, xenófobo, racista, machista, LGBTfóbico. Deve também colocar em prática a cultura do ódio.

Tudo isso sendo aplicado pelo Executivo (de forma conjunta e articulada com a mídia hegemônica, o Judiciário, o Legislativo e os capitalistas e disseminado

---

[1] Boaventura de Sousa Santos, "Para além do pensamento abissal: das linhas globais a uma ecologia de saberes", em Boaventura de Sousa Santos e Maria Paula Meneses, *Epistemologias do Sul* (São Paulo, Cortez, 2010).

por meio de *fake news* pelas redes sociais de direita) pode levar aquelas e aqueles que lutam pelos direitos democráticos e o campo da esquerda ao limite de sua capacidade humana de resistir. Leva-nos a pensar que não há alternativa de mudança, tampouco de superação desse quadro de horror e dor.

A situação limite promovida pelo fascismo abissal tende a desmobilizar a luta emancipatória e enfraquecer a retomada da democracia de uma forma radical. Pretende destruir a esquerda do presente e do futuro. Um de seus objetivos é aniquilar e matar qualquer possibilidade de resistência, assim como minar as expectativas sociais e pessoais de uma mudança progressista da sociedade.

Este livro é um sinal de alerta sobre esse e outros fenômenos perversos do século XXI que o campo da esquerda deve passar a analisar com cautela a fim de construir novas alternativas políticas, ideológicas, discursivas, de práticas e de luta. São alternativas importantes diante da necessária e urgente tarefa de articulação e união das esquerdas, a fim de enfrentar e conter o avanço do fascismo abissal.

Como nos diz Boaventura: as forças políticas emancipatórias necessitam superar o estado de choque e perplexidade em que se encontram e entender que o tempo para formular respostas coerentes – ou, ao menos, de promover articulações defensivas que reduzam os danos do desvario radical que desabou sobre elas – não pode se estender muito.

Os outros casos emblemáticos analisados nesta obra (a saber, Portugal, Colômbia, México e Espanha) nos trazem mais uma alternativa desafiadora: a construção de aprendizagens globais que considerem os contextos e as necessidades específicas de cada país.

Em um momento histórico e político no qual a incerteza de que outro mundo é possível nos assombra, não podemos perder a esperança. Devemos, sim, buscar princípios e práticas políticas que nos unam para que deles retiremos força, sabedoria e humildade que nos ajudem a enfrentar o novo interregno da história. E isso só poderá ser feito por meio de articulações democráticas fortes, locais, regionais e globais.

A confiança nas ações emancipatórias e nas possibilidades do presente e não nas incertezas do futuro fluem nas páginas deste livro. Sua leitura é uma lufada de ar fresco que enche os nossos pulmões de força, esperança e renovação da resistência na luta contra o fascismo abissal.

*maio de 2019*

# Prólogo

**Sonia Guajajara**

Recebi com muita alegria o convite para escrever um dos prólogos da segunda edição desta importante obra. Alegria não apenas pela admiração que nutro pelo autor, mas também porque compartilho de sua compreensão sobre a necessidade de unificação das esquerdas na luta por direitos e pela democracia.

Não poderia ser diferente de minha parte, afinal tenho experienciado, especialmente nas lutas dos povos indígenas, exemplos vívidos da possibilidade dessa união, sem desconsiderar todas as complexidades cabíveis nesse grande universo da esquerda ou das esquerdas.

Esta segunda edição vem em hora propícia, momento que requer aliança diante de um cenário reacionário global. No que me toca, digo isso diante de um governo e de um Parlamento racista, preconceituoso e alienado, além de insensível ante o sofrimento dos povos indígenas, algo que faz parte não apenas da história mas também do dia a dia dos últimos cinco séculos de Brasil. Alinhadas aos interesses do poder econômico, exercido através da propriedade de terra neste país, as elites querem a qualquer custo flexibilizar a legislação ambiental para poder explorar os territórios, no pior sentido que a palavra exploração pode significar: destruição e lucro.

Para nós, povos indígenas, o território é sagrado. Dele depende nossa existência. O atual governo brasileiro olha para a terra indígena e o que vê chama de improdutivo. Nós chamamos isso de vida. Agora que o mundo finalmente despertou para o problema do aquecimento global, com os efeitos das mudanças climáticas, pensando formas de reduzir a emissão de gás carbônico para poder garantir que tenhamos equilíbrio, o truculento governo brasileiro busca maneiras de entregar nossos territórios para a exploração. Isso porque não pensa na vida, só pensa em dinheiro e em lucro e cego está, uma vez que só enxerga o mundo pelo olhar do capitalismo – e, quanto mais desigual é um país, de forma mais predatória o capitalismo faz dele sua vítima.

Eu fico com a defesa da vida, da nossa identidade. Se preciso for, derramaremos até a última gota de sangue para garantir a existência de nossos povos. Não entregaremos nada fácil para a ganância do agronegócio, que brada aos quatro ventos que "no Brasil há muita terra para pouco índio". Mentira! No Nordeste, temos parentes vivendo às margens de rodovias porque as suas terras foram entregues para fazendeiros no período da ditadura militar, entregues pelo próprio Estado. No Sul, muitos de nós seguem vivendo precariamente debaixo de lonas por não terem as terras demarcadas e, no Centro-Oeste, vemos os territórios sagrados totalmente entregues para a soja e para o pasto por falta de iniciativa do poder público de garantir nosso direito.

Atualmente, o governo tenta nos comprar com promessas rasas de que a propriedade dos territórios deve passar para nossas mãos. Ora, eles já são nossos! A propriedade é da União, mas o usufruto é exclusivo dos povos indígenas. Nós os preservamos não porque é obrigatório, mas porque nossa relação com a terra é de sustentabilidade, de respeito com a mãe natureza. A terra está gritando, está pedindo socorro e há quem não escute esse clamor. As enchentes, as secas, os furacões estão trazendo um recado. Se seguirmos no ritmo imposto pela cobiça do agronegócio, o planeta não aguenta mais cinquenta anos.

Além disso, ainda estamos tendo de enfrentar a falta de bom senso e de inteligência de representantes do governo, como o ministro das Relações Exteriores, que disse que demarcação de território indígena é ideologia marxista. Essa declaração faz parte de uma onda de argumentos reacionários para encobrir o evidente fato de que esses governantes não respeitam os modos de vida próprios dos indígenas. Eles simulam ser nossos amigos e nos tratam como crianças incapazes de avaliar seus discursos vazios. Jair Bolsonaro nos chama de irmãos. Que irmão quer tirar do outro o direito de existir?

O governo não dialoga, não nos pergunta sobre assuntos essenciais que nos dizem respeito. Dissimulando estar do nosso lado, dizem querer acabar com a "miséria" dos povos indígenas. Miséria não é sinônimo de falta de poder aquisitivo. A escolha de continuar como estamos é nossa. O Brasil não pode adotar um padrão único de vida para todo mundo. É preciso respeitar a diversidade, os diferentes povos que existem aqui e seus diferentes modos de vida. Estamos em nossas aldeias por insistência e resistência nossa. Se dependesse do agronegócio, já teríamos todos sido expulsos, nem sequer existiríamos para praticar nossos rituais sagrados.

O governo precisa parar de olhar a terra apenas como uma cifra, como algo que se mede apenas por dinheiro, e compreender que o meio ambiente é o que garante a vida de todos. Nós o preservamos com nossas próprias vidas numa disputa que estamos travando há séculos, numa batalha contra a abertura de espaços para a monocultura que insiste em se impor sobre a vida dos povos indígenas.

A sociedade brasileira precisa entender que desenvolvimento econômico não deveria estar em oposição à preservação da natureza e dos povos originários. Nós somos inspiração para um modelo de desenvolvimento que não destrua nossos recursos naturais. Esse modelo não é o da monocultura e do agronegócio predatório e, por isso, as oligarquias rurais que atualmente dominaram a política brasileira vão tentar fazer desta um instrumento para nos massacrar e implementar o seu modelo predatório.

O que queremos é respeito aos nossos direitos territoriais, garantidos na Constituição por serem direitos originários. Seguiremos lutando, ainda que muitos de nós morram. Lá se vão cinco séculos de resistência. Éramos mais de 5 milhões, hoje somos 1 milhão. Já se foram muitos, e muitos mais morrerão, mas não vamos recuar e seguiremos em frente com todas as nossas forças. Não perderemos nossas vidas para o agronegócio.

Os povos indígenas e a mãe natureza estão alertando para a necessidade de um novo modelo de desenvolvimento, de consumo, de país. São bandeiras que as esquerdas necessitam ter coragem de levantar, ousando romper com velhas alianças e conveniências. É preciso união em torno da vida e do bem viver.

Nós, indígenas, temos realmente muitas diferenças entre nós. Quem não tem? Mas nós temos uma consciência profunda de tudo que temos em comum e que nos une, e por isso sobrevivemos e vamos continuar a resistir. Cabe à esquerda aprender um pouco disso conosco e se comprometer mais com nossas pautas.

*maio de 2019*

# Prólogo

**Manuela d'Ávila**

O livro que você tem em mãos é um instrumento de luta, a mais importante de nosso tempo, a batalha para dar um sentido comum à ação da esquerda na atual quadra da história da humanidade.

Unir a esquerda é uma necessidade permanente, seja em momentos de avanço, seja em tempos de recuos na luta social. No entanto, às vezes, o que parece ser uma tática eficiente para lutar se transforma em um verdadeiro chamado de emergência. É por isso que o título do livro de Boaventura deve ser estampado em letras garrafais: ESQUERDAS DO MUNDO: UNI-VOS!

Mas isso não quer dizer que este seja um livro conjuntural. As questões levantadas pelo autor estão relacionadas à atual fase do desenvolvimento do capitalismo, de modo que têm um caráter mais permanente.

A unidade das esquerdas ganha um *status* emergencial porque a democracia está sendo corroída por dentro e de maneira acelerada. O avanço neoliberal ganhou grande velocidade, e agora vivemos uma situação de grave risco.

Conforme Boaventura demonstra, a democracia não está ameaçada por tanques e golpes armados, e sim liquidada de dentro para fora. A doença que se instalou na democracia a corrói em suas entranhas, degenera os seus tecidos internos, apodrece suas instituições e ritos, resseca os seus canais de participação, desidrata os seus procedimentos. É um processo insidioso, relativamente silencioso e, salvo despertemos, fatal.

Nunca considerei as diferenças no seio da esquerda um problema, mesmo quando elas são grandes e agudas. Acredito que a diversidade do nosso campo exprime uma riqueza e, em muitos sentidos, amplia as nossas possibilidades de vitória. A luta pelas transformações é complexa, pois o capitalismo desde suas origens é um sistema em constante mutação, uma espécie de alvo móvel. É por isso que as nossas diferenças, que têm como origem teorias e tradições históricas distintas, podem ser um trunfo, na medida em que propiciam uma variedade de abordagens, tanto para compreender a dinâmica social quanto para encontrar as táticas mais adequadas de luta.

Aqui está uma das muitas qualidades do livro que a leitora ou o leitor tem em mãos: Boaventura não se coloca na posição de mestre-escola, distribuindo pitos e oferecendo uma linha única, fora da qual tudo é equívoco, como muitas vezes vemos os grandes intelectuais como ele fazerem. O que ele propõe é a busca por um acordo no fundamental, construído a partir de uma caracterização comum da nova realidade na qual vivemos.

Outra contribuição importante de Boaventura para o debate é a sistematização clara e aguda de três vetores do esvaziamento da democracia por dentro: a plutocracia, ou seja, a apropriação do aparato estatal e o domínio dos mecanismos democráticos pelos detentores do capital; a chegada ao poder pela via eleitoral de elementos autocratas; o uso massivo das *fake news* e dos algoritmos como mecanismos de manipulação e destruição de uma esfera pública democrática; e a captura de instituições de Estado fundamentais para a democracia, porque concentram poderes, e para a manutenção do Estado de direito, porque teriam como responsabilidade conter abusos.

Ressalto a importância de Boaventura abordar o tema das *fake news*. Creio ser imprescíndivel tratarmos o tema das mentiras e do ódio como elementos centrais a serem enfrentados no quadro atual. A partir do uso de *bots* e ferramentas poderosas de *big data*, nossos adversários construíram um inimigo ficcional e disputaram a consciência de amplos setores da sociedade. A formulação de saídas para esse tema, que não passam pelo vigilantismo nas redes, parece ser um desafio do nosso tempo. Criar uma falsa contradição entre a disputa política nas redes e nas ruas seria absolutamente imprudente. As redes sociais são uma espécie de assembleia popular permanente, e nossos adversários a estão ganhando.

Nesse sentido, Boaventura chama a atenção da esquerda para esse processo de esvaziamento acelerado e para a gravidade dele. O constitucionalismo moderno e a democracia liberal, instituições criadas pelas Revoluções Atlânticas, foram rapidamente esvaziados pela classe fundamental que surgiu naquele momento, a burguesia. Boa parte das franquias democráticas de que ainda gozamos é fruto das lutas das trabalhadoras e dos trabalhadores que alargaram – à custa de muito sangue, suor e lágrimas – os limites estreitos dessas garantias.

Desse modo, a democracia liberal sempre foi, como lembra Boaventura, "de baixa intensidade" e incapaz de se proteger dos ataques desferidos por frações das próprias classes dominantes, interessadas em liquidar a dimensão consensual da dominação do Estado, em benefício da coercitiva. A história demonstra a patética inação dos liberais diante da ascensão do nazismo e do fascismo. Também mostra que os mecanismos de defesa do liberalismo burguês não resistem à ação de uma vanguarda violenta, organizada e decidida.

No entanto, nossa democracia pálida, mesmo que esvaziada pela ofensiva neoliberal, continua sendo o universo no qual a esquerda tem as melhores condições de desenvolver a sua luta e onde as trabalhadoras e os trabalhadores poderão estabelecer sua resistência contra a violência cada vez mais desmedida do capital. As eleições, as grandes manifestações públicas, o que restou das garantias individuais e a liberdade de opinião são mecanismos decisivos para resistir e, quando possível, avançar para uma nova etapa de conquistas.

Dessa maneira, mantida a nossa rica diversidade, é preciso que nos esforcemos para estabelecer acordos mínimos. Eles devem começar, como afirma Boaventura, pela busca de uma caracterização comum, ainda que genérica, dos sentidos do perigo que nos ameaça. Daí podemos criar uma plataforma de ação e resistência comum, que tenha um alcance superior à que estamos desenvolvendo neste momento.

O interregno caracterizado por Boaventura é um momento de certa suspensão, de impasse e aporia. Estamos no limiar de um novo tempo. É preciso teorizar e agir, agir e teorizar, sem nos dobrarmos a um ativismo às cegas nem nos paralisarmos em atitude contemplativa. Paciência mútua, tolerância com as divergências, abertura para o que há de novo, estudo e pesquisa teórica feitos sem apriorismos, alegria e disposição para a luta. As primeiras características estão neste livro; as duas últimas, na vida e na prática política de seu autor. Boa leitura, boa luta.

*maio de 2019*

# Capítulo 1

## As democracias também morrem democraticamente

Habituamo-nos a pensar que os regimes políticos se dividem em dois grandes tipos: democracia e ditadura. Depois da queda do Muro de Berlim em 1989, a democracia (liberal) passou a ser quase consensualmente considerada como o único regime político legítimo. Pese a diversidade interna de cada um, são dois tipos antagônicos, não podem coexistir na mesma sociedade, e a opção por um ou por outro envolve sempre luta política que implica a ruptura com a legalidade existente. Ao longo do século passado foi-se consolidando a ideia de que as democracias só colapsavam por via da interrupção brusca e quase sempre violenta da legalidade constitucional, por meio de golpes de Estado dirigidos por militares ou civis com o objetivo de impor uma ditadura. Essa narrativa era, em grande medida, verdadeira. Não o é mais. Continuam a ser possíveis rupturas violentas e golpes de Estado, mas é cada vez mais evidente que os perigos que a democracia corre hoje são outros – e decorrem, paradoxalmente, do normal funcionamento das instituições democráticas. As forças políticas antidemocráticas vão-se infiltrando dentro do regime democrático, vão-no capturando, descaracterizando-o, de maneira mais ou menos disfarçada e gradual, dentro da legalidade e sem alterações constitucionais, até que, em dado momento, o regime político vigente, sem ter formalmente deixado de ser uma democracia, surge como totalmente esvaziado de conteúdo democrático, tanto no que tange ao respeito à vida das pessoas como das organizações políticas. Umas e outras passam a comportar-se como se vivessem em ditadura. Menciono a seguir os quatro principais componentes desse processo.

*A eleição de autocratas*. Dos Estados Unidos às Filipinas, da Turquia à Rússia, da Hungria à Polônia estamos vendo ser eleitos democraticamente políticos autoritários que, embora sejam produto do *establishment* político e econômico, se apresentam como alternativas antissistema e antipolítica, insultam os adversários que consideram corruptos (e que veem como inimigos a eliminar), rejeitam as regras de jogo democrático, fazem apelos intimidatórios para a resolução dos problemas sociais por via da violência, demonstram desprezo pela liberdade de imprensa e propõem revogar as leis que garantem os direitos sociais dos trabalhadores e das populações discriminadas por via etnorracial, sexual ou religiosa. Em suma, apresentam-se nas eleições com uma ideologia antidemocrática e, mesmo assim, conseguem obter a maioria dos votos. Políticos autocráticos sempre existiram. O que é novo é a frequência com que estão a chegar ao poder.

*O vírus plutocrata*. O modo como o dinheiro tem vindo a descaracterizar os processos eleitorais e as deliberações democráticas é alarmante, a ponto de nos fazer questionar se, em muitas situações, as eleições são livres e limpas e se os decisores políticos são movidos por convicções ou pelo dinheiro que recebem. A democracia liberal assenta na ideia de que os cidadãos têm condições de aceder a uma opinião pública informada e, com base nela, eleger livremente os próprios governantes e avaliar o seu desempenho. Para que isso seja minimamente possível, é necessário que o mercado das ideias políticas (ou seja, dos valores que não têm preço, porque são convicções) esteja totalmente separado do mercado dos bens econômicos (ou seja, dos valores que têm preço e, nessa base, se compram e se vendem). Em tempos recentes, esses dois mercados estão sendo fundidos sob a égide do mercado econômico, a tal ponto que hoje, na política, tudo se compra e tudo se vende. A corrupção tornou-se endêmica. O financiamento das campanhas eleitorais de partidos ou de candidatos e os grupos de pressão (ou *lobbies*) junto dos parlamentos e governos têm hoje em muitos países um poder decisivo na vida política. Em 2010, o Supremo Tribunal dos Estados Unidos, na decisão Citizens United *versus* Federal Election Commission, desferiu um golpe fatal na democracia estadunidense ao permitir o financiamento irrestrito e privado das eleições e das decisões políticas por parte de grandes empresas e de super-ricos. Desenvolveu-se, assim, o chamado *dark money*, que não é outra coisa senão corrupção legalizada. É esse mesmo *dark money* que explica, no Brasil, uma composição do Congresso dominada pelas bancadas da bala, da Bíblia e do boi, uma caricatura cruel da sociedade brasileira.

*As* fake news *e os algoritmos*. A internet e as redes sociais que ela tornou possível foram durante algum tempo vistas como uma possibilidade de expansão sem precedentes da participação cidadã na democracia. Hoje, à luz do que se passa nos Estados Unidos e no Brasil, podemos dizer que elas se estão revelando as coveiras da democracia, se não forem urgentemente reguladas. Refiro-me em especial a dois instrumentos. As notícias falsas sempre existiram em sociedades atravessadas por fortes clivagens, sobretudo em períodos de acirrada rivalidade política. Hoje, porém, é alarmante o potencial destrutivo que espalham através da desinformação e da mentira. Isso é sobretudo grave em países como a Índia e o Brasil, em que as redes sociais, sobretudo o mensageiro WhatsApp (o conteúdo menos controlável, por ser criptografado), são amplamente usadas, a ponto de serem a grande (ou mesmo a única) fonte de informação dos cidadãos – no Brasil, 120 milhões de pessoas usam o WhatsApp. Grupos de investigação brasileiros denunciaram no *New York Times*, em reportagem de 17 de outubro de 2018, que das 50 imagens mais divulgadas (virais) dos 347 grupos públicos do WhatsApp em apoio a Bolsonaro, só 4 eram verdadeiras. Uma delas era uma foto de Dilma Rousseff, candidata ao Senado, ao lado de Fidel Castro na Revolução Cubana. Tratava-se, de fato, de uma montagem feita a partir do registro de John Duprey para o jornal *NY Daily News* em 1959. Naquele ano, Dilma Rousseff era uma criança de onze anos. Apoiada por grandes empresas internacionais e por serviços de contrainteligência militar nacionais e estrangeiros, a campanha de Bolsonaro constituiu uma monstruosa montagem de mentiras a que dificilmente sobreviverá a democracia brasileira.

Esse efeito destrutivo é potencializado por outro instrumento: o algoritmo. Esse termo, de origem árabe, designa o cálculo matemático que permite definir prioridades e tomar decisões rápidas a partir de grandes séries de dados (*big data*) e de variáveis tendo em vista certos resultados (o sucesso numa empresa ou numa eleição). Apesar de sua aparência neutra e objetiva, o algoritmo contém opiniões subjetivas (o que é ter êxito?; como se define o melhor candidato?) que permanecem ocultas nos cálculos. Quando as empresas são intimadas a revelar os critérios, defendem-se alegando segredo empresarial. No campo político, o algoritmo permite retroalimentar e ampliar a divulgação de um tema que está em alta nas redes sociais e que, por isso, o algoritmo considera ser relevante porque popular. Acontece que o que está em alta pode ser produto de uma gigantesca manipulação informacional levada a cabo por redes de robôs e de perfis automatizados que difundem a milhões de pessoas notícias falsas e comentários a favor ou contra determinado candidato, tornando o tema artificialmente popular e, assim, levando-o a ganhar ainda mais destaque por via do algoritmo. Este não tem condições para distinguir o verdadeiro do falso, e o efeito é tanto mais destrutivo quanto mais vulnerável for a população à mentira. Foi assim que em dezessete países foram recentemente manipuladas as preferências eleitorais, incluindo os Estados Unidos (a favor de Trump) e, agora, o Brasil (a favor de Bolsonaro), numa proporção que pode ser fatal para a democracia. Sobreviverá a opinião pública a esse tóxico informacional? Terá a informação verdadeira alguma chance de resistir a tal avalanche de falsidades? Tenho defendido que em situações de inundação o que faz mais falta é a água (potável). Com a preocupação paralela a respeito da extensão da manipulação informática das nossas opiniões, gostos e decisões, a cientista de computação Cathy O'Neil designa os *big data* e os algoritmos como armas de destruição matemática[1].

*A captura das instituições*. O impacto das práticas autoritárias e antidemocráticas nas instituições ocorre paulatinamente. Presidentes e parlamentos eleitos pelos novos tipos de fraude (a fraude 2.0) a que acabo de aludir têm o caminho aberto para instrumentalizar as instituições democráticas e podem fazê-lo supostamente dentro da legalidade, por mais evidentes que sejam os atropelos e as interpretações enviesadas da lei ou da Constituição. Em tempos recentes, o Brasil tornou-se um laboratório imenso de manipulação autoritária da legalidade. Foi essa captura que tornou possível a chegada ao segundo turno do neofascista Jair Bolsonaro e a sua eventual eleição. Tal como tem acontecido noutros países, a primeira

---

1 Cathy O'Neil, *Weapons of Math Destruction: How Big Data Increases Inequality and Threatens Democracy* (Nova York, Broadway Books, 2016).

instituição a ser capturada é o sistema judicial. Por duas razões: por ser a instituição com poder político mais distante da política eleitoral e por, constitucionalmente, ser o órgão de soberania concebido como "árbitro neutro". Noutra ocasião analisarei tal processo de captura. O que será a democracia brasileira se essa captura se concretizar, seguida das outras que ela tornará possível? Será ainda uma democracia?

# Capítulo 2

## O novo interregno

Estamos num interregno. O mundo que o neoliberalismo criou em 1989 com a queda do Muro de Berlim terminou com a primeira fase da crise financeira (2008-2011), e ainda não se definiu o novo mundo que se lhe vai seguir. O panorama pós-1989 contou com duas agendas que tiveram um impacto decisivo nas políticas de esquerda um pouco por toda parte. A agenda explícita foi o fim definitivo do socialismo enquanto sistema social, econômico e político liderado pelo Estado. A agenda implícita consistiu no fim de qualquer sistema social, econômico e político liderado pelo Estado. Essa agenda implícita foi muito mais importante que a explícita, porque o socialismo de Estado estava já agonizante e, desde 1978, procurava reconstruir-se na China enquanto capitalismo de Estado no seguimento das reformas promovidas por Deng Xiaoping. O efeito mais direto do fim do socialismo de tipo soviético na esquerda foi ter desarmado momentaneamente os partidos comunistas, alguns deles havia muito já distanciados da experiência soviética. A agenda implícita foi a que verdadeiramente contou; por isso, teve que ocorrer de maneira silenciosa e insidiosa, sem queda de muros.

Na fase que até então tinha caracterizado o capitalismo dominante, a alternativa social ao socialismo de tipo soviético eram os direitos econômicos e sociais universais de que se beneficiavam, sobretudo, aqueles que, não tendo privilégios, só tinham o direito e os direitos para se defender do despotismo econômico e político a que tendia o capitalismo sujeito exclusivamente à lógica do mercado. A forma mais avançada dessa alternativa tinha sido a social-democracia europeia do pós-guerra, que, aliás, no seu começo, no início do século XX, também se desdobrara numa agenda explícita (socialismo democrático) e numa agenda implícita (capitalismo com alguma compatibilidade com a democracia e a inclusão social mínima que ela pressupunha). Depois de 1945, rapidamente se mostrou que a agenda implícita era a única agenda. Desde então, as esquerdas dividiram-se entre as que continuavam a defender uma solução socialista (mais ou menos distante do modelo soviético) e as que, por mais que se proclamassem socialistas, apenas queriam regular o capitalismo e controlar seus "excessos".

Depois de 1989, e tal como acontecera no início do século, a agenda implícita continuou durante algum tempo implícita, apesar de ser já a única em vigor. Foi-se tornando evidente que ambas as esquerdas do período anterior saíram derrotadas. Por isso, assistiu-se, depois de 1989, à difusão sem precedentes da ideia da crise da social-democracia, muitas vezes articulada com a ideia da impossibilidade ou da inviabilidade da social-democracia. A secundá-la, a ortodoxia neoliberal doutrinava sobre o caráter predador ou, pelo menos, ineficiente do Estado e da regulação estatal, sem o que não era possível garantir a efetividade dos direitos econômicos e sociais.

O desarme da esquerda social-democrática foi disfarçado durante algum tempo pela nova articulação das formas de dominação que vigoram no mundo desde o século XVII: capitalismo, colonialismo (racismo, monoculturalismo etc.) e patriarcado (sexismo, divisão arbitrária entre trabalho produtivo e trabalho reprodutivo;

ou seja, entre trabalho remunerado e trabalho não remunerado). As reivindicações sociais orientaram-se para as agendas ditas pós-materiais, os direitos culturais ou de quarta geração. Essas reivindicações eram genuínas e denunciavam modos de opressão e de discriminação repugnantes. Mas o jeito como foram orientadas fez crer aos agentes políticos que as mobilizaram (movimentos sociais, ONGs, novos partidos) que as podiam levar a cabo com êxito sem tocar no terceiro eixo da dominação, o capitalismo. Houve até mesmo uma negligência do que se chamou "política de classe" (distribuição) em favor das políticas de raça e sexo (reconhecimento). Essa convicção provou-se fatal no momento em que o regime pós-1989 caiu. A dominação capitalista, reforçada pela legitimidade que criou nesses anos, virou-se facilmente contras as conquistas antirracistas e antissexistas na busca incessante de maiores acumulação e exploração. E estas, desprovidas da vontade anticapitalista ou separadas das lutas anticapitalistas, sentem muitas dificuldades para resistir.

Nestes anos de interregno, resulta evidente que a agenda implícita visava dar total prioridade ao princípio do mercado na regulação das sociedades modernas em detrimento do princípio do Estado e da comunidade. No início do século XX, o princípio da comunidade fora secundarizado em favor da rivalidade que então se instalara entre os princípios do Estado e do mercado. A relação entre ambos foi sempre muito tensa e contraditória. A social-democracia e os direitos econômicos e sociais significaram momentos de trégua nos conflitos mais agudos entre os dois princípios. Esses conflitos não eram resultado de meras oposições teóricas. Resultavam das lutas sociais das classes trabalhadoras que buscavam no Estado o refúgio mínimo contra as desigualdades e os despotismos gerados pelo princípio de mercado. A partir de 1989, o neoliberalismo encontrou o clima político adequado para impor o princípio do mercado, contrapondo sua lógica à lógica do princípio do Estado, que entrementes se pusera na defensiva.

A globalização neoliberal, a desregulação, a privatização, os tratados de livre comércio, o papel inflacionado do Banco Mundial e do FMI foram executados paulatinamente para erodir o princípio do Estado, quer retirando-o da regulação social, quer convertendo esta em outra forma de regulação mercantil. Para isso, foi necessária uma desvirtuação radical, mas silenciosa, da democracia. Esta, que no melhor dos casos fora encarregada de gerir as tensões entre o princípio do Estado e o princípio do mercado, passou a ser usada para legitimar a superioridade do princípio do mercado e, no processo, transformar-se ela própria num mercado (corrupção endêmica, *lobbies*, financiamento de partidos etc.). O objetivo era que o Estado passasse de Estado capitalista com contradições a Estado capitalista sem contradições. As contradições passariam a ser exteriorizadas para a sociedade, e as crises sociais, a ser resolvidas como questões de polícia, não como questões políticas.

A grande maioria das forças de esquerda aceitou essa viragem; pouca resistência lhe ofereceu quando não se tornou cúmplice ativa dela, o que aconteceu, sobretudo, na Europa. Na última fase desse período, alguns países da América Latina protagonizaram uma resistência significativa – tão significativa que não pôde ser neutralizada pela monotonia das relações econômicas promovidas pelo neoliberalismo global nem resultou apenas dos erros próprios cometidos pelos governos progressistas. Envolveu a intervenção forte do imperialismo norte-americano, que na primeira década de 2000 tinha aliviado a pressão sobre os países latino-americanos por estar profundamente envolvido no Oriente Médio. Venezuela, Brasil e Argentina são talvez os casos mais emblemáticos dessa situação. O imperialismo norte-americano, entretanto, mudou de rosto e de tática; em vez de impor ditaduras via CIA e forças militares, promove e financia iniciativas de "democracia amiga do mercado" por meio de organizações não governamentais libertárias e evangélicas e de desenvolvimento local, além de protestos, na medida do possível pacíficos, mas com *slogans* ofensivos para as personalidades, os princípios e as políticas de esquerda. Em situações mais tensas, pode financiar ações violentas que, depois, com a cumplicidade da mídia nacional e internacional, são atribuídas aos governos hostis; ou seja, governos hostis aos interesses norte-americanos. Tudo isso tutelado e financiado pela CIA, pela embaixada norte-americana no país e pelo Departamento de Estado dos Estados Unidos.

Vivemos, pois, um período de interregno. Não sei se este interregno gera fenômenos mórbidos como o interregno famosamente analisado por Gramsci. Mas tem certamente assumido características profundamente dissonantes entre si. Nos últimos cinco anos, a atividade política em diferentes países e regiões do mundo adquiriu facetas e traduziu-se em manifestações surpreendentes ou desconcertantes. Eis uma seleção possível: o agravamento sem precedentes da desigualdade social; a intensificação da dominação capitalista, colonialista (racismo, xenofobia, islamofobia) e heteropatriarcal (sexismo), traduzida no que chamo "fascismo social" em diferentes formas (fascismo do *apartheid* social, fascismo contratual, fascismo territorial, fascismo financeiro, fascismo da insegurança); a reemergência do colonialismo interno na Europa com um país dominante, a Alemanha, a aproveitar-se da crise financeira para transformar nações do Sul numa espécie de protetorado informal, particularmente gritante no caso da Grécia; o golpe judiciário-parlamentar contra a presidenta Dilma Rousseff, continuado com o impedimento da candidatura de Lula da Silva às eleições presidenciais de 2018; a saída unilateral do Reino Unido da União Europeia; a renúncia às armas por parte da guerrilha colombiana e o início conturbado do processo de paz; o colapso ou a crise grave do bipartidismo centrista em vários países, da França à Espanha, da Itália à Alemanha; a emergência de partidos de tipo novo oriundo de movimentos sociais ou mobilizações antipolíticas, como Podemos, na Espanha, 5 Stelle, na Itália, AAP, na Índia; a constituição de um governo de esquerda em Portugal, com base num entendimento sem precedentes entre diferentes partidos de esquerda; a eleição presidencial de homens de negócios bilionários com fraca ou nula experiência política empenhados em destruir a proteção social que os Estados têm garantido às classes sociais mais vulneráveis, seja Macri, na Argentina, seja Trump, nos Estados Unidos; o ressurgimento da extrema direita na Europa, com seu tradicional nacionalismo de direita, mas surpreendentemente portadora da agenda das políticas sociais que tinham sido abandonadas pela social-democracia, com a ressalva de agora valerem apenas para "nós", não para "eles" (imigrantes, refugiados); a infiltração de comportamentos fascizantes em governos democraticamente eleitos, como na Índia do BJP e do presidente Modi, nas Filipinas de Duterte, nos Estados Unidos de Trump, na Polônia de Kaczyński, na Hungria de Orbán, na Rússia de Putin, na Turquia de Erdoğan, no México de Peña Nieto; a intensificação do terrorismo jihadista que se proclama islâmico; a maior visibilidade de manifestações de identidade nacional, de povos sem Estado, nacionalismos de direita na Suíça e na Áustria, nacionalismos com fortes componentes de esquerda na Espanha (Catalunha, mas também País Basco, Galiza e Andaluzia) e na Nova Zelândia e nacionalismos dos povos indígenas das Américas que se recusam a ser encaixados na dicotomia esquerda/direita; o colapso por uma combinação de erros próprios e interferência grave do imperialismo norte-americano de governos progressistas que procuraram combinar desenvolvimento capitalista com a melhora do nível de vida das classes populares no Brasil, na Argentina e na Venezuela; a agressividade sem paralelo na gravidade e na impunidade da ocupação da Palestina pelo Estado colonial de Israel; as profundas transformações internas combinadas com estabilidade (pelo menos aparente) em países que durante muito tempo simbolizaram as mais avançadas conquistas das políticas de esquerda, da China ao Vietnã e a Cuba.

## O significado histórico deste interregno

Esse elenco deixa de fora os problemas sociais, econômicos e ecológicos que talvez mais preocupem os democratas em todo o mundo; tampouco menciona a violência familiar, urbana e rural e a proliferação de guerras não declaradas, embargos não declarados, o terrorismo e o terrorismo de Estado que destroem povos inteiros (Palestina, Líbia, Síria, Afeganistão, Iêmen) e a convivência pacífica em geral; deixa também de lado a transformação do trabalho numa mercadoria como outra qualquer, os apelos ao consumismo, ao individualismo e à competitividade sem limites, ideologias com as quais muitas forças de esquerda têm sido tão complacentes ou aceitam como algo inevitável, o que dá no mesmo.

Nesse sentido, esse elenco trata de sintomas, não de causas. Mesmo assim, serve para mostrar as principais características histórico-estruturais do interregno em que nos encontramos.

Embora o capitalismo seja um sistema globalizado desde o seu início, o âmbito e as características internas da globalização têm variado ao longo dos séculos. Para me reportar apenas à contemporaneidade, podemos dizer que desde 1860 o mundo se encontra num processo particularmente acelerado de interdependência global, processo atravessado por contradições internas, como é próprio do capitalismo, muito desigual e com descontinuidades significativas. O conceito de interregno visa precisamente dar conta dos processos de ruptura e de transição. Os períodos de mais intensa globalização tendem a coincidir com períodos de grande rentabilidade do capital (ligada a grandes inovações tecnológicas) e com a hegemonia inequívoca (sobretudo econômica, mas também política e militar) de um país. A esses períodos têm-se seguido momentos de grande instabilidade política e econômica e de crescente rivalidade entre nações centrais.

O primeiro período de globalização contemporânea ocorreu entre 1860 e 1914. A Inglaterra foi o país hegemônico, e a segunda revolução industrial e o colonialismo foram suas características principais. A ele se seguiu um período de mais acentuada rivalidade entre nações centrais de que resultaram duas guerras mundiais em que morreram 78 milhões de pessoas. O segundo período ocorreu entre 1944 e 1971. Os Estados Unidos foram o país hegemônico, e as características principais desse período foram a terceira revolução industrial (informática), a Guerra Fria e a coexistência de dois modelos de desenvolvimento (o capitalista e o socialista, ambos com várias versões), o fim do colonialismo e uma nova fase de imperialismo e neocolonialismo. Seguiu-se um período de acrescida rivalidade, do qual resultaram o colapso do socialismo soviético e o fim da Guerra Fria. A partir de 1989, entramos num terceiro período de globalização, cuja crise está a causar o interregno em que nos encontramos. Foi um período de dominação mais multilateral, com a União Europeia e a China a disputarem a hegemonia conquistada pelos Estados Unidos no período anterior. Caracterizou-se pela quarta revolução industrial (a microeletrônica e, crescentemente, a genética e a robotização), e seus atributos mais inovadores foram, por um lado, submeter pela primeira vez virtualmente todo o mundo ao mesmo modelo de desenvolvimento hegemônico (o capitalismo em sua versão neoliberal) e, por outro, transformar a democracia liberal no único sistema político legítimo e impô-lo a todo o mundo.

A fase de interregno em que nos encontramos está relacionada com a evolução mais recente dessas características. Todas as facetas desta fase estão vigentes, mas apresentam sinais de grande desestabilização: maior rivalidade entre duas potências imperiais, os Estados Unidos e a China, cada uma socorrendo-se de satélites importantes, a União Europeia no caso dos Estados Unidos e a Rússia no caso da China; um desequilíbrio cada vez mais evidente entre o poderio militar dos Estados Unidos e seu poder econômico, com novas ameaças de guerra (incluindo a nuclear) e uma corrida aos armamentos; a impossibilidade de reverter a globalização, dada a profunda interdependência (bem evidente na crise do processo Brexit) combinada com a luta por novas condições de comércio dito livre, no caso dos Estados Unidos; uma crise de rentabilidade do capital que provoca duradoura depressão (não resolvida depois da crise financeira de 2008, ainda em curso) e se manifesta de duas formas principais: a degradação dos rendimentos salariais nos países centrais e semiperiféricos, combinada a um ataque global às classes médias (realidade que sociologicamente varia muito de país para país), e uma corrida sem precedentes aos chamados recursos naturais, com as consequências fatais para populações camponesas e povos indígenas e para os já precários equilíbrios ecológicos.

Entre as características deste interregno, duas são particularmente decisivas para as forças de esquerda e revelam bem a tensão em que estas se encontram entre a necessidade cada vez mais urgente de se unirem e as dificuldades novas e sem precedentes para a satisfação sustentada de tal necessidade. São duas pulsões contraditórias, que vão em sentido contrário e que, em meu entender, só podem ser resolvidas por meio de uma cuidada gestão das escalas de tempo. Vejamos:

1) No que diz respeito à universalização da democracia liberal, as forças de esquerda devem partir da seguinte verificação: a democracia liberal nunca teve a capacidade de se defender dos antidemocratas e dos fascistas em seus mais diversos disfarces, mas hoje o que mais surpreende não é essa incapacidade, são antes os processos de incapacitação movidos por uma força transnacional altamente poderosa e intrinsecamente antidemocrática, o neoliberalismo (capitalismo como civilização de mercado, de concentração e de ostentação da riqueza), cada vez mais geminado com o predomínio do capital financeiro global a que tenho chamado "fascismo financeiro" e acompanhado por um cortejo impressionante de instituições transnacionais, lobistas e meios de comunicação social. Esses novos (de fato, velhos) inimigos da democracia não a querem substituir pela ditadura. Em vez disso, buscam descaracterizá-la a ponto de ela se transformar na reprodutora mais dócil e na voz mais legitimadora de seus interesses.

Essa verificação convoca com urgência a necessidade de as esquerdas se unirem para salvaguardar o único campo político em que hoje admitem lutar pelo poder, o campo democrático.

2) Por sua vez, o ataque generalizado aos rendimentos salariais, às organizações operárias e às formas de concertação social, com a consequente transformação das reivindicações sociais numa questão de polícia; a crise ambiental cada vez mais grave e irreversível, agravada pela luta desesperada pelo acesso ao petróleo, que envolve a destruição de países como Iraque, Síria e Líbia – e, amanhã, talvez Irã e Venezuela; o recrudescimento, para muitos e muitas surpreendente, do racismo, do sexismo e do heterossexismo. Todas essas características apontam

para uma condição de irreversível contradição entre capitalismo e democracia, mesmo a democracia de baixa intensidade que a versão liberal sempre foi.

Ora, sendo certo que as esquerdas se encontram há muito divididas entre as que acreditam na regeneração do capitalismo, de um capitalismo de rosto humano, e as que estão convencidas de que o capitalismo é intrinsecamente desumano e, por isso, irresgatável, não será fácil imaginar que se unam de forma sustentada. Penso que uma sabedoria pragmática que distinga entre o curto e o longo prazo, mas mantenha os dois no debate, pode ajudar a resolver a tensão. Este texto está centrado no curto prazo, mas procura não perder de vista o médio e o longo prazos.

# Capítulo 3

## As forças de esquerda perante o novo interregno: o caso português

O elenco de fenômenos, aparentemente anômalos, que mencionei até aqui dá conta de que o movimento dominante de erosão da democracia está sendo contrariado por forças sociais de sinal político oposto, ainda que frequentemente com as mesmas bases sociais de classe. Sob a forma do populismo, novas e velhas forças de direita e de extrema direita procuram criar refúgios em que podem defender "sua" democracia e seus direitos dos apetites de estranhos, sejam eles imigrantes, refugiados ou grupos sociais "inferiores", assim declarados por raça, etnia, sexo, sexualidade ou religião. Não defendem a ditadura; pelo contrário, declaram defender a democracia ao salientar o valor moral da vontade do povo, reservando para si, obviamente, o direito de definir quem faz parte do "povo". Como a vontade do povo é um imperativo ético que não se discute, a suposta defesa da democracia opera por práticas autoritárias e antidemocráticas. É essa a essência do populismo. Falar de populismo de esquerda é um dos mais perniciosos equívocos de alguma teoria política crítica dos últimos anos.

Por sua vez, novas e velhas forças políticas de esquerda propõem-se defender a democracia contra os limites e as perversões da democracia representativa, liberal. É sobre elas que me debruço neste texto. Tais forças procuram democratizar a democracia, reforçando-a para que possa resistir aos instintos mais agressivos do neoliberalismo e do capital financeiro. Essa defesa tem assumido várias formas em diferentes contextos e regiões do mundo. As principais são as seguintes: emergência de novos partidos de esquerda e, por vezes, de partidos de tipo novo, que têm com a cidadania ou com movimentos populares uma relação diferente, mais intensa, da que tem sido característica dos velhos partidos de esquerda; rupturas profundas no seio dos velhos partidos de esquerda, quer quanto a programas, quer quanto a lideranças; surgimento de movimentos de cidadania ou de grupos sociais excluídos, alguns que perduram e outros efêmeros, que se colocam fora da lógica da política partidária e, portanto, do marco da democracia liberal; protestos, marchas, greves em defesa de direitos econômicos e sociais; adoção de processos de articulação entre a democracia representativa e a democracia participativa no interior dos partidos ou nos campos de gestão política em que intervêm, nomeadamente no nível municipal; reivindicação de revisões constitucionais ou de assembleias constituintes originárias para fortalecer as instituições democráticas e blindá-las contra ações dos inimigos; chamamento à necessidade de romper com as divisões do passado e procurar articulações entre as diferentes famílias de esquerda, para tornar mais unitária e eficaz a luta contra as forças antidemocráticas.

Desse elenco, é fácil concluir que o atual período de interregno provoca um forte questionamento das teorias e das práticas de esquerda que vigoraram nos últimos cinquenta anos. O questionamento assume as formas mais diversas, mas, apesar disso, é possível identificar alguns traços comuns.

O primeiro é que o horizonte emancipatório deixou de ser o socialismo para ser a democracia, os direitos humanos, a dignidade, o pós-neoliberalismo, o pós-capitalismo, um horizonte simultaneamente mais vago e mais diverso. Acontece que, trinta anos depois da queda do Muro de Berlim, esse horizonte está tão desacreditado quanto o horizonte socialista. A democracia liberal é, hoje, em muitos países, uma imposição do imperialismo, e os direitos humanos são invocados apenas para liquidar governos que resistem ao imperialismo.

Em segundo lugar, o tom das lutas e das reivindicações é, em geral, defensivo; ou seja, no sentido de defender o que se conquistou, por pouco que tenha sido, em vez de lutar por reivindicações mais avançadas na confrontação com a ordem capitalista, colonialista e patriarcal vigente. Em vez das guerras de movimento e das guerras de posição, como Gramsci caracterizou as principais estratégias operárias, dominam guerras de trincheira, de linhas vermelhas que não podem ser ultrapassadas. As forças que não aceitam essa lógica defensiva correm o risco de arcar com a marginalização e a autonomia, que são tanto maiores quanto mais circunscritas se apresentam essas forças no plano territorial ou social.

Terceiro, porque não foi totalmente proscrita, a democracia obriga as forças de esquerda a se posicionar no quadro democrático, por mais que o regime democrático esteja desacreditado. Esse posicionamento poderia implicar a recusa em participar do jogo democrático, mas o custo é elevado quer se participe (nenhuma possibilidade de ganhar), quer não se participe (marginalização). Esse dilema é particularmente sentido em períodos pré-eleitorais.

Entre as várias estratégias que mencionei, a que melhor ilustra as dificuldades em atuar politicamente em contexto defensivo e em transformar tais dificuldades em oportunidade para formular projetos alternativos de luta política são as propostas de articulação ou unidade entre as diferentes forças de esquerda. Acrescenta-se a isso o fato de que essas propostas estão a ser discutidas em vários países em que, em 2018, haverá eleições. Precisamente os processos eleitorais constituem o máximo teste de viabilidade para esse tipo de proposta. Por todas essas razões, passo a centrar-me nelas, começando por mencionar um caso concreto, a título de ilustração.

Duas notas prévias. A primeira pode ser colocada sob a forma de duas interrogações. São de esquerda todas as forças políticas que se consideram como tal? A resposta a essa pergunta não é fácil, uma vez que, para além de certos princípios gerais (identificados nos livros que mencionei na nota 1, da p. 9), a caracterização de dada força política depende dos contextos específicos em que opera. Por exemplo, nos Estados Unidos o Partido Democrático é considerado de esquerda ou de centro-esquerda, mas duvido que o seja em qualquer outro país. Historicamente, um dos mais acesos debates no seio da esquerda tem sido a definição do que se considera ser esquerda. A segunda pergunta pode formular-se assim: como distinguir entre forças de esquerda e políticas de esquerda? Em princípio, deveria pensar-se que o que faz uma força política ser de esquerda é defender e aplicar políticas de esquerda. Sabemos, no entanto, que a realidade é outra. Por exemplo, considero o partido grego Syriza de esquerda, mas, com o mesmo grau de convicção, penso que as políticas que tem aplicado na Grécia são de direita. Sendo assim, a segunda interrogação desdobra-se numa terceira: por quanto tempo e com que consistência se pode manter tal incongruência sem que deixe de ser legítimo pensar que a força de esquerda em causa deixou de ser de esquerda?

A segunda nota prévia tem a ver com a necessidade de analisar o novo impulso de articulação ou unidade entre as forças de esquerda à luz de outros impulsos do passado. O impulso atual deve ser interpretado como sinalizador da vontade de renovação das forças de esquerda ou o contrário? A verdade é que a renovação da esquerda tem sido pensada, pelo menos desde 1914, a partir da desunião das esquerdas. Por sua vez, a unidade tem sido tentada a partir da sonegação ou mesmo da recusa da renovação da esquerda – e a justificação para tal tem estado ligada ao perigo da ditadura. Será que o impulso de articulação ou unidade atual, ainda que motivado pelo perigo iminente do colapso da democracia, pode significar, ao contrário dos anteriores, uma vontade de renovação?

## A articulação entre forças de esquerda – o caso português

O governo vigente em Portugal desde o fim de 2015 é pioneiro em termos de articulação entre vários partidos de esquerda; é um governo do Partido Socialista (PS) com apoio parlamentar dos dois partidos de esquerda: Bloco de Esquerda (BE) e Partido Comunista Português (PCP). É pouco conhecido internacionalmente, não só porque Portugal é um país pequeno, cujos processos políticos raramente fazem parte da atualidade política internacional, como e sobretudo por representar uma solução política que vai contra os interesses dos dois grandes inimigos globais da democracia que hoje dominam a mídia: o neoliberalismo e o capital financeiro global. Convém recapitular. Desde a revolução de 25 de abril de 1974, os portugueses com frequência votaram, na maioria, em partidos de esquerda, mas foram governados por partidos de direita ou pelo Partido Socialista sozinho ou coligado com partidos de direita. Os partidos de direita apresentavam-se em eleições sozinhos ou em coligação, enquanto os partidos de esquerda, na lógica de uma longa trajetória histórica, se apresentavam divididos por diferenças aparentemente insuperáveis. O mesmo aconteceu em outubro de 2015. Só que, nessa ocasião, num gesto de inovação política que ficará nos anais da democracia europeia, os três partidos de esquerda (Partido Socialista, Bloco de Esquerda e Partido Comunista Português) resolveram negociar e buscar uma articulação de incidência parlamentar que viabilizasse um governo de esquerda liderado por um deles, o que teve mais votos, o Partido Socialista. Com negociações separadas entre esse partido e os outros dois (tais as desconfianças recíprocas iniciais), foi possível chegar a acordos de governança que viabilizaram um governo de esquerda sem precedentes na Europa das últimas décadas.

A inovação desses acordos consistiu em várias premissas: 1) os acordos eram limitados e pragmáticos e estavam centrados em menores denominadores comuns com o objetivo de possibilitar um governo que impedisse a continuação das políticas de empobrecimento dos portugueses que os partidos de direita neoliberal tinham aplicado no país; 2) os partidos mantinham ciosamente sua identidade programática, suas bandeiras, e tornavam claro que os acordos não as punham em risco, porque a resposta à conjuntura política não exigia que fossem consideradas, muito menos abandonadas; 3) o governo devia ter coerência e, para isso, devia ser da responsabilidade de um só partido, e o apoio parlamentar garantiria sua estabilidade; 4) os acordos seriam celebrados de boa-fé e acompanhados e verificados regularmente pelas partes. Os textos dos acordos constituem modelos de contenção política e detalham até o pormenor os termos acordados. Basicamente, as medidas acordadas tinham dois grandes objetivos políticos: parar o empobrecimento dos portugueses, repondo rendimentos dos trabalhadores e dos aposentados da base da escala de rendimentos, e brecar as privatizações, que, como todas as que ocorrem sob a égide do neoliberalismo e do capital financeiro global, são atos de privataria[1]. Os acordos foram negociados com êxito, e o governo tomou posse num ambiente politicamente hostil, por parte do então presidente da República, da Comissão Europeia e das agências financeiras, todos fiéis servidores da ortodoxia neoliberal. Pouco a pouco, a política executada em cumprimento dos acordos foi dando resultados – para muitos, surpreendentes –, e, ao fim de algum tempo, muitos dos detratores do governo tinham de se curvar diante dos números do crescimento da economia, da queda da taxa de desemprego, da melhoria geral da imagem do país, finalmente ratificada pelas agências de notação de crédito, e com os títulos portugueses a passar do nível lixo para o nível investimento. O significado de tudo isso pode resumir-se no seguinte: realizando-se políticas opostas às receitas neoliberais, obtêm-se os resultados que tais receitas sempre anunciam e nunca conseguem, e isso é possível sem aumentar o sofrimento e o empobrecimento dos portugueses. Antes, pelo contrário, reduzindo-os. De maneira muito mais direta, o significado dessa inovação política é mostrar que o neoliberalismo é uma mentira e que seu único e verdadeiro objetivo é acelerar a todo custo a concentração da riqueza sob a égide do capital financeiro global.

Obviamente, a direita neoliberal nacional e internacional está inconformada e tentará pôr fim a essa solução política, no que tem como aliada, agora, a direita, que

---

[1] Criado pelo conhecido jornalista brasileiro Elio Gaspari, esse neologismo foi utilizado pelo jornalista Amaury Ribeiro Júnior em *A privataria tucana* (Geração Editorial, 2011), livro que denuncia o modo como as privatizações das empresas estatais no tempo do ex-Presidente Fernando Henrique Cardoso prejudicaram os cofres do Estado. Fernando Henrique Cardoso pertencia e pertence ao PSDB (Partido da Social Democracia Brasileira), comumente conhecido como o partido dos tucanos, do qual o pássaro é um dos símbolos.

nunca reconheceu os "excessos" do neoliberalismo e quer voltar ao poder. A forma mais benevolente do inconformismo surge hoje como aparente elogio, que se formula assim: "Essa solução política durará toda a presente legislatura". Para os mais avisados, significa estabilidade a prazo, como se dissesse às esquerdas (e aos portugueses que com elas se identificam): "Era bom, mas se acabou". Compete a essas forças e aos portugueses contrapor a esse dito este outro: "Queremos mais". E atuarem em conformidade.

## Atualização em dezembro de 2018

Ao menos na aparência, a articulação entre as forças de esquerda continua estável, e os resultados das políticas continuam a ser encorajadores. Por exemplo, a taxa de desemprego é hoje de 6,9%, a mais baixa dos últimos dezesseis anos, e com tendência de descer ainda mais segundo as estimativas da Organização para a Cooperação e o Desenvolvimento Econômico (OCDE). A inovação política portuguesa, inicialmente vista com grande suspeita pela comentocracia nacional e internacional, é hoje analisada com simpatia, senão mesmo celebrada. Bom exemplo disso é a reportagem do *New York Times* de 23 de julho de 2018, intitulada "Portugal Dared to Cast Aside Austerity. It's Having a Major Revival" [Portugal ousou abandonar a austeridade. Está vivendo uma grande renovação]. Curiosamente, a análise não se restringe aos dados econômicos. Fala numa viragem positiva na "psique coletiva dos portugueses" em contraste como o que se passa, por exemplo, na Grécia.

O êxito dessa política não podia deixar de mostrar suas limitações, decorrentes, em grande medida, das restrições no investimento público impostas por Bruxelas, com impacto social particularmente significativo nas áreas da saúde e da educação, mas também nas infraestruturas, no sistema judicial e prisional, na cultura etc. Como seria de esperar, nos últimos meses aumentou a contestação social por parte dos sindicatos, sobretudo dos sindicatos de professores. Por sua vez, a viragem política de 2016 devolveu aos portugueses a esperança realista de dias melhores. À medida que o tempo passa, querem ver as melhorias passar do discurso para a realidade. Isso é visível, sobretudo, na área da saúde.

Nos últimos meses, o principal ponto de fricção entre o partido do governo, o Partido Socialista, e seus aliados foi a reforma da legislação laboral. O projeto de lei apresentado pelo governo ao Parlamento afasta-se do que fora acordado nas negociações com o Bloco de Esquerda e o Partido Comunista Português e foi aprovado na generalidade com os votos do partido de direita, o Partido Social Democrata (PSD), que esteve no poder entre 2011 e 2015. Esse fato revela que o PS pode estar tentado a recorrer ao partido de direita para ultrapassar os bloqueios que lhe possam ser criados pelos parceiros de coligação enquanto estes se mantiverem nela por entenderem que, apesar de tudo, o essencial dos objetivos da coligação está sendo mantido.

Hoje, há de se considerar vários fatos novos que, longe de prefigurarem o fim próximo da coligação, podem ser próprios da crise de seu crescimento. O primeiro fato foi a eleição, em fevereiro de 2018, do novo secretário-geral do PSD, Rui Rio, um político respeitado que foi a oposição interna mais visível à vertigem neoliberal que assolou o partido sob o comando de Pedro Passos Coelho. Com Rio, o partido demonstrou vontade de voltar à sua origem de direita moderada ou de centro-direita, sempre disponível para acordos de governabilidade com o igualmente moderado partido de centro-esquerda PS. Esses acordos foram responsáveis por vários períodos de governança do "bloco central" nos últimos quarenta anos. Recorde-se que a centro-direita é também a ideologia do atual presidente da República. Ao contrário de seu antecessor, o presidente tem sido sutil e prudente na sinalização política. No entanto, sua insistência nos "pactos de regime" (na saúde, educação, justiça), sem referência específica ao impacto da inovação política dos últimos anos, não pode deixar de recordar o velho "arco da governabilidade" (PS e PSD).

A eleição de Rio ampliou as opções do PS. Se com a liderança e a orientação anteriores do PSD seriam improváveis quaisquer convergências com esse partido, agora tais coligações são possíveis (como, aliás, sucedeu no passado). O segundo fato é que, com essa nova margem de manobra para o PS, não surpreende que dentro do próprio partido tenham surgido vozes influentes no sentido de um retorno à sua tradição de se coligar com a direita e não com a esquerda. Essas vozes contam com o apoio dos interesses neoliberais internacionais (incluindo a União Europeia), temerosos que a articulação das esquerdas se reproduza noutros países, eventualmente com agendas mais amplas que a portuguesa. Uma variante dessa posição é a daqueles que preveem que o êxito das políticas do governo pode levar o PS a conquistar maioria absoluta nas próximas eleições no fim de 2019, caso em que o partido poderia prescindir de coligações tanto à esquerda como à direita. Esse último cenário não é provável. Talvez só por isso a atual liderança do PS não pareça apostar nele.

De todo modo, esses fatos colocam as forças de esquerda sob novas pressões. Se romperem o acordo em face de recorrentes violações do acordado por parte do PS, temem ser responsabilizadas pelos eleitores por terem posto fim a uma solução política que tinha devolvido alguma esperança e maior bem-estar à maioria empobrecida dos portugueses. Se, pelo contrário, mantiverem a coligação, podem ser responsabilizadas por seus militantes e simpatizantes por terem pactuado com a entrada da austeridade pela janela depois de esta ter sido expulsa pela porta. As alianças pragmáticas terão, assim, redundado em perda de identidade.

Os partidos de esquerda têm revelado uma enorme maturidade política nesse contexto. O debate interno no Bloco de Esquerda é mais conhecido, e por isso lhe dedico particular atenção. As correntes maioritárias do BE fazem um balanço globalmente positivo da articulação política com os outros partidos da coligação e reivindicam para si (para a sua iniciativa política) muitas das medidas que efetivamente melhoraram a vida dos portugueses. E fazem-no com razão. Salientam em especial que, na esmagadora maioria das questões, houve uma grande consonância com o PCP. São especialmente críticos da posição do PS nos domínios da legislação laboral, com cedências quase totais às exigências das confederações patronais (que ecoam as pressões europeias) e, no domínio da saúde, com a manutenção das parcerias público-privadas que alimentam o setor privado e impedem o serviço nacional de saúde de voltar aos níveis que no passado fizeram de Portugal um caso de sucesso internacional no âmbito da promoção da saúde como bem público.

Acima de tudo, as correntes maioritárias do BE entendem que o saldo positivo da experiência dos dois últimos anos e as expectativas positivas que criaram na maioria dos portugueses possibilitaram uma responsabilidade nova ao conjunto dos partidos de esquerda no sentido de não frustrar essas expectativas. Entendem, no entanto, que, para que isso seja possível, é necessário que a articulação entre forças de esquerda se aprofunde e supere pelo menos algumas das limitações que teve na sua primeira fase. Tais limitações eram compreensíveis no contexto difícil de 2015, mas não o são hoje, ou, ao menos, devem passar a ser objeto de debate que pode implicar tanto a reformulação quanto a ampliação dos acordos. O êxito da inovação portuguesa é o outro lado de seus objetivos extremamente modestos, que nem sequer conseguem devolver aos portugueses o bem-estar relativo que tinham antes da crise. Para o BE, tais limitações decorrem, em última instância, dos tratados que governam a política europeia (sobretudo o Tratado Orçamental), que impedem o investimento público, o reforço do Estado social e o controle público de setores estratégicos. E decorrem também da enorme dívida pública que é insustentável e devia ser reestruturada. Para o BE, o êxito internacional da política portuguesa dos dois últimos anos (nem sempre elogiada pelas boas razões) confere alguma autoridade a Portugal para pressionar as instituições europeias, nomeadamente por via de alianças com outros países que têm interesses convergentes com os de Portugal.

Como se pode imaginar, essa posição choca-se frontalmente com a do governo do PS, cujo ministro das Finanças, Mário Centeno, foi eleito para presidir o Eurogrupo e, assim, selar o alinhamento total de Portugal com o Tratado Orçamental. Em meu entender, salvo a ocorrência de maior turbulência financeira internacional (sempre possível devido à impenitente opacidade dos mercados financeiros), os próximos tempos vão trazer grandes desafios à articulação das esquerdas, e nada indica que esses desafios não possam ser enfrentados com êxito. Na minha opinião, isso depende dos seguintes fatores. É fundamental que se torne claro para a opinião pública portuguesa que o êxito das políticas dos últimos anos se deve por igual aos três partidos da coligação. Só isso permitirá que todos eles cresçam eleitoralmente – e todos à custa do eleitorado tradicionalmente indeciso ou de direita. Nesse sentido, a luta midiática vai ser muito forte, e a esquerda não tem *a priori* muitos trunfos, dado o predomínio dos comentaristas de direita na comunicação social. Para compensar esse ponto, é necessário que os portugueses se mobilizem socialmente para que as melhorias dos últimos anos se consolidem e se aprofundem. A mobilização social é, pois, decisiva. Penso, além disso, que as forças de esquerda, sobretudo o BE e o PCP, devem estar particularmente conscientes dos riscos que correm a democracia e o bem-estar das classes trabalhadoras e médias numa Europa xenófoba e crescentemente dominada por forças de extrema direita. Uma análise profunda desse contexto deve ser um incentivo para ousar ter mais imaginação política. Deve ser contemplada a possibilidade de uma coligação entre o BE e o PCP, de modo a poder beneficiar-se da lógica do método de Hondt no sistema eleitoral português (que beneficia os maiores partidos em detrimento dos menores). Isso permitiria fazer crescer a pressão de esquerda sobre o PS, sem a qual os automatismos antigos e os interesses de sempre inclinarão o partido para a direita, uma direita mais do que nunca disponível para construir a aliança alternativa. Todos sabemos das divergências ideológicas entre o BE e o PCP e das razões que conduziram a tal. Mas também sabemos que nos últimos anos convergiram quase sempre nas políticas principais da governação de esquerda. Muitos acharão esta ideia utópica, mas, como dizia Sartre, antes de se realizarem, todas as ideias são utópicas.

As vicissitudes pelas quais possa passar a inovação política portuguesa nos próximos tempos não afetam seu significado global para as políticas progressistas das próximas décadas.

## Qual é o significado mais global dessa inovação política? Onze teses para articulações limitadas entre forças políticas de esquerda

Neste domínio, como em muitos outros, não há lugar para cópias mecânicas de soluções. As esquerdas podem e devem aprender com as experiências globais, mas têm de encontrar soluções adequadas a suas condições e a seu contexto. Há, aliás, fatores que são únicos e facilitam soluções locais que noutros contextos são inviáveis ou, pelo menos, muito mais difíceis. Darei exemplos. Com essas ressalvas, a experiência portuguesa tem um significado que transcende o país, independentemente do que aconteça. Esse significado pode resumir-se no seguinte.

Primeiro, as articulações entre partidos de esquerda podem ser de vários tipos; nomeadamente, podem resultar de acordos pré-eleitorais ou pós-eleitorais; podem envolver participação no governo ou apenas apoio parlamentar. Sempre que os partidos partem de posições ideológicas muito diferentes, e se não houver outros fatores que recomendem o contrário, é preferível optar por acordos pós-eleitorais (porque ocorrem depois de medir pesos relativos) e acordos de incidência parlamentar (porque minimizam os riscos dos parceiros minoritários e permitem que as divergências sejam mais visíveis e disponham de sistemas de alerta conhecidos dos cidadãos).

Segundo, as soluções políticas de risco pressupõem lideranças com visão política e capacidade para negociar. No caso português, todos os líderes envolvidos têm essa característica. Aliás, o primeiro-ministro tinha tentado pontualmente políticas de articulação de esquerda nos anos em que foi presidente da Câmara de Lisboa. Mas a mais consistente articulação entre forças de esquerda foi protagonizada por Jorge Sampaio, também do Partido Socialista, enquanto presidente da Câmara de Lisboa, e que viria a ser presidente da República entre 1996 e 2006. Não podemos esquecer que o fundador do Partido Socialista português, dr. Mário Soares, na fase final de sua vida política, advogou esse tipo de política – algo que é difícil imaginar na Espanha, onde o fundador do Partido Socialista Obrero Español (PSOE), Felipe

González, virou-se à direita com o passar dos anos e manifestou-se contra quaisquer entendimentos à esquerda.

Terceiro, as soluções inovadoras e de risco não podem sair apenas da cabeça dos líderes políticos. É necessário consultar as "bases" do partido e deixar-se mobilizar pelas inquietações e pelas aspirações que manifestam.

Quarto, a articulação entre forças de esquerda só é possível quando é partilhada a vontade de não articular com outras forças, nem de direita nem de centro-direita. Sem uma forte identidade de esquerda, o partido ou a força de esquerda em que tal identidade for fraca será sempre um parceiro relutante, disposto a abandonar a coligação. A ideia de centro é, hoje, particularmente perigosa para a esquerda, porque, como espectro político, ele se tem deslocado para a direita por pressão do neoliberalismo e do capital financeiro. O centro tende a ser centro-direita, mesmo quando afirma ser centro-esquerda. É crucial distinguir entre uma política moderada de esquerda e uma política de centro-esquerda. A primeira pode resultar de um acordo conjuntural entre forças de esquerda, enquanto a segunda é consequência de articulações com a direita que pressupõem cumplicidades maiores que a descaracterizam como política de esquerda.

Neste domínio, a solução portuguesa se oferece a uma reflexão mais aprofundada. Embora constitua uma articulação entre forças de esquerda e eu considere que configura uma política moderada de esquerda, a verdade é que contém, por ação ou por omissão, algumas opções que implicam cedências graves aos interesses que normalmente são defendidos pela direita. Por exemplo, no domínio do direito ao trabalho e à saúde. Tudo leva a crer que o teste da vontade real de garantir a sustentabilidade da unidade das esquerdas está no que for decidido nessas áreas no futuro próximo.

Quinto, não há articulação nem unidade sem programa e sem sistemas de consulta e de alerta que avaliem regularmente o seu cumprimento. Passar cheques em branco a qualquer líder político no seio de uma coligação de esquerda é um convite ao desastre.

Sexto, a articulação é tanto mais viável quanto mais partilhado for o diagnóstico de que estamos num período de lutas defensivas, um período em que a democracia, mesmo a de baixa intensidade, corre sério risco de ser duradouramente sequestrada por forças antidemocráticas e fascizantes. Mesmo que a democracia não colapse por completo, a atividade política de oposição das forças de esquerda em seu conjunto pode correr sérios riscos de ser fortemente limitada, se não ilegalizada.

Sétimo, a disputa eleitoral precisa ter credibilidade mínima. Para isso, deve assentar-se num sistema eleitoral que garanta a certeza dos processos eleitorais de modo que os resultados da disputa eleitoral sejam incertos.

Oitavo, a vontade de convergir nunca pode neutralizar a necessidade de eventualmente divergir. Consoante os contextos e as condições, pode ser tão fundamental convergir como divergir. Mesmo durante a vigência das coligações, as diferentes forças de esquerda devem manter canais de divergência construtiva. Quando ela deixar de ser construtiva, o fim da coligação estará próximo.

Nono, num contexto midiático e comunicacional hostil às políticas de esquerda, num contexto em que notícias falsas proliferam, as redes sociais podem potenciar a intriga e a desconfiança, e as chamadas de capa contam mais que conteúdos e argumentações, é decisivo que haja canais de comunicação constantes e eficazes entre os parceiros da coligação e que equívocos sejam prontamente esclarecidos.

Décimo, nunca esquecer os limites dos acordos, quer para não criar expectativas exageradas, quer para saber avançar para outros acordos ou romper os existentes quando as condições permitirem políticas mais avançadas.

No caso português, os detalhados acordos entre os três partidos revelam bem o caráter defensivo e limitado das políticas acordadas. Na União Europeia, as imposições do neoliberalismo global são veiculadas no dia a dia pela Comissão e pelo Banco Central Europeu. A resposta dos partidos de esquerda portugueses deve ser avaliada à luz da violenta resposta dessas instituições europeias às políticas iniciais do partido grego Syriza. A solução portuguesa visou criar um espaço de manobra mínimo num contexto que prefigurava uma janela de oportunidade. Recorrendo a uma metáfora, a solução portuguesa permitiu à sociedade portuguesa respirar. Ora, respirar não é o mesmo que florescer; é tão só o mesmo que sobreviver.

Décimo primeiro, no contexto atual de asfixiante doutrinação neoliberal, a construção e a implementação de alternativas, por mais limitadas que sejam, têm, quando realizadas com êxito, além do impacto concreto e benéfico na vida dos cidadãos, um efeito simbólico decisivo que consiste em desfazer o mito de que os partidos de esquerda-esquerda só servem para protestar e não sabem negociar nem muito menos assumir as complexas responsabilidades da governança. Esse mito foi alimentado pelas forças conservadoras ao longo de décadas, com a cumplicidade da grande mídia, e tem hoje a reforçá-lo o poder disciplinar global que o neoliberalismo adquiriu nas últimas décadas.

## Alguns cenários incertos para a articulação das forças de esquerda

Em tempos recentes, a questão da articulação entre forças de esquerda tem sido discutida em diferentes países, e os contextos em que a discussão tem ocorrido são reveladores dos muitos obstáculos a ultrapassar para que tal articulação seja possível ou desejável. Em alguns casos, torna-se mesmo claro que tais obstáculos são intransponíveis em curto ou médio prazos. E as discussões tendem a ter lugar, sobretudo, em períodos pré-eleitorais. Não pretendo analisar em detalhe tais discussões; limito-me a ilustrar os diferentes obstáculos e os bloqueios que os contextos revelam e, à luz deles, o que teria de mudar para que tal articulação fosse possível e desejável.

Analiso brevemente quatro desses contextos: Brasil, Colômbia, México e Espanha. Nos três primeiros, houve eleições em 2018. Na Espanha haverá eleições antecipadas em 2019, em face da recente queda do governo socialista, após sua proposta orçamental ter sido derrotada no Congresso. Em Portugal, igualmente haverá eleições em 2019. Cada uma dessas nações ilustra um obstáculo específico à construção de coligações que tornem possíveis governos de esquerda com programas de esquerda. O exercício pode, aliás, ser feito com outros países, quer ele ilustre obstáculos semelhantes ou outros, que, no caso, deverão ser definidos. Se esse exercício necessariamente coletivo for feito num número suficientemente grande de países em diferentes regiões do mundo, será possível ter uma ideia de conjunto dos obstáculos a superar e dos caminhos para tanto. Com base nisso, seria possível imaginar uma nova internacional das esquerdas. Obviamente, em muitos países, os debates políticos não se formulam como debates entre esquerda e direita e, noutros, os próprios debates estão proibidos por regimes autoritários. No primeiro caso, poderiam estar interessadas na nova internacional forças políticas que lutam democraticamente contra o capitalismo, o colonialismo e o patriarcado, sem se preocuparem com as etiquetas. Os nomes com que se designam as diferenças são menos importantes que as diferenças em si e os modos como se debatem. No segundo caso, poderiam estar interessadas na nova internacional as forças que clandestinamente lutam pela democracia.

# Capítulo 4

## Brasil: a fratura do desgaste do governo

### Introdução: a democracia brasileira na encruzilhada

Um fantasma assombra o Brasil. As conquistas sociais e democráticas dos últimos quinze anos, que pareciam tão sólidas, desfazem-se no ar, e as organizações sociais e políticas que as promoveram parecem tão desarmadas que resulta difícil imaginar que alguma vez tivessem tido força. Contra quem foram obtidas essas conquistas? Quem eram seus opositores ou inimigos? Aparentemente, essas conquistas não enfraqueceram os poderes econômicos, sociais e políticos conservadores, desde sempre dominantes, a que se opunham, pois de outro modo não se compreendem a renovada agressividade e a avassaladora razia com que esses poderes pretendem varrer da memória das brasileiras e dos brasileiros esse passado afinal tão recente. Numa sociedade tão desigual e tão discriminatória como o Brasil, serão possíveis medidas que aumentem a inclusão social e a participação democrática das maiorias sem afetar negativamente os interesses das classes dominantes, que sempre promoveram a exclusão, a discriminação e o autoritarismo?

A perplexidade é enorme e ameaça ser paralisante durante algum tempo, por quatro razões principais.

## A conjuntura eleitoral

A primeira é o golpe institucional com que se deu início ao retrocesso social e político. A destituição da presidenta Dilma Rousseff abriu um processo duplamente hostil a uma reflexão aprofundada do que se passou e à recomposição das forças que podiam resistir ao retrocesso. Por um lado, ensejou uma disputa eleitoral que, como qualquer processo desse tipo, obriga a privilegiar o pensamento tático da conquista do poder e desencoraja uma problematização da natureza desse poder – problematização que, no caso concreto, devia incluir o questionamento do porquê da perda de poder no período anterior ao golpe. Por outro lado, tratou-se de um golpe continuado, que se transmutou numa perseguição judicial ao principal arquiteto e símbolo das conquistas sociais e políticas do período anterior, o ex-presidente Lula da Silva. Dadas as grotescas irregularidades processuais e a seletividade política da sanha persecutória, as energias democráticas antigolpistas centraram-se, e bem, na defesa da dignidade cidadã de Lula da Silva. Também por essa razão, o espírito do tempo fez economizar outras problematizações do passado e do presente.

## O Brasil profundo

A segunda razão para essa perplexidade potencialmente paralisante tem a ver com a invisibilidade – ou mesmo a ausência –, no atual contexto, do Brasil profundo, da grande maioria pobre, negra, indígena, jovem, que vive em favelas, ou apodrece em presídios, uma maioria que não tem acesso nem ao discurso político e midiático hegemônico nem ao discurso paralelo das redes sociais. Tem, quando muito, acesso ao discurso das igrejas que a acolhe apenas para ratificar e legitimar a sua ausência. Essa maioria viveu com muito mais ambivalência o período anterior ao golpe do que pode imaginar a classe política que o protagonizou. Essa maioria sentiu-se muitas vezes vítima da negligência, do descaso, da displicência e mesmo da arrogância de quem dizia defendê-la em nome dos megaprojetos hidroelétricos e mineiros, do agronegócio, dos eventos esportivos megalomaníacos que a expulsavam de suas terras ancestrais, contaminavam suas águas, destruíam suas florestas, assassinavam seus líderes e seus jovens, alvos de ódio racial, e removiam as famílias de suas humildes habitações para periferias ainda mais distantes. Essa maioria sentia que os benefícios reais que por via das políticas sociais lhe chegavam eram conseguidos com enormes custos humanos e ambientais que não eram oficialmente reconhecidos. Sentia, sobretudo, que a sua voz não estava incluída nos números que falavam a seu respeito e a respeito de seu progresso. Talvez por isso esteja com dificuldades em se dar conta de que, daqui em diante, será muito pior.

## A intervenção imperial

A terceira razão da perplexidade tem a ver com a resistência dos democratas brasileiros, sobretudo das forças de esquerda, a dar o peso devido à interferência do imperialismo estadunidense. A intromissão dos Estados Unidos no continente ao longo do século XX está hoje bem documentada e teve sempre por objetivo eliminar governos e governantes eleitos democraticamente que os dirigentes estadunidenses considerassem potencialmente hostis aos interesses das empresas norte-americanas. As lutas contra o comunismo, o narcotráfico, o terrorismo e o esquerdismo etc. foram os sucessivos pretextos utilizados para justificar as intervenções, mas o objetivo foi sempre o mesmo. As intervenções correspondem a uma opção estratégica de longa duração e, por isso, não dependem de quem ocupa a Casa Branca. Afinal, não foi Donald Trump, mas Barack Obama, quem emitiu a desconcertante ordem executiva declarando a Venezuela "ameaça não usual e extraordinária à segurança nacional" dos Estados Unidos. Tradicionalmente, as intervenções assumiram várias formas, mas, no passado, quando foi mesmo necessária a mudança de regime, envolveram quase sempre a intervenção militar e a instalação de ditaduras militares ou governos fantoches.

De forma trágica, os brasileiros aprenderam (quando aprenderam) que, sem essa intervenção, não teria sido possível a ditadura militar de 1964. Foi uma aprendizagem que lhes custou caro. A resistência ocorreu, teve êxito, e nos últimos trinta e tantos anos o Brasil viveu um período de relativo florescimento democrático, ainda que mantendo muitas das exclusões causadas pela combinação fatal entre capitalismo (desigualdade social), colonialismo (discriminação racial) e patriarcado (discriminação de gênero). Uma conjunção complexa de fatores, entre os quais a aparente reorientação do imperialismo para o Oriente Médio, o surgimento na primeira década do novo milênio de vários governos progressistas com discursos anti-imperialistas mais ou menos veementes (Venezuela, Argentina, Bolívia, Equador) e a promoção da democracia pelas agências internacionais dominadas pelos Estados Unidos (por exemplo, o Banco Mundial), criou a ilusão de que os governos do subcontinente podiam daqui em diante governar-se por conta própria, sem dar particular atenção ao Big Brother do Norte. Essa ilusão cria uma perigosa zona de invisibilidade e desatenção, que é tanto mais grave quanto a mudança que se deu, entretanto, nos meios de intervenção imperial, hoje muito mais diversificados e insidiosos. Em vez de promoverem ditaduras, apresentam-se como "promotores da democracia", mas uma democracia esvaziada de qualquer potencial popular, de inclusão social ou de prioridade do interesse nacional. Trata-se de uma democracia que se afirma libertária, inimiga da intervenção do Estado, obediente às exigências do mercado – ou seja, do capital –, por meio dos setores dirigentes do capital (hoje, o financeiro), e, sobretudo, aberta à pilhagem das riquezas naturais do país por parte das empresas norte-americanas, o mesmo objetivo de sempre.

No plano concreto, a intervenção tem três pilares principais. Por um lado, intervenção na opinião pública e nos protestos sociais através de instituições e organizações da sociedade civil, bem articuladas com as redes sociais e financiadas pelos Estados Unidos, quer por meio das agências do Estado (Congresso, Departamento de Estado, CIA, USAID), quer por meio das fundações criadas pelos grandes bilionários estadunidenses, com particular destaque para os irmãos Koch, autêntico potentado econômico. As teias criadas por essas instituições estão bem descritas pelo jornalista investigativo Lee Fang[1], que descreve a extensão da Rede Atlas e sua ligação com o Movimento Brasil Livre (MBL), que promoveu ativamente o *impeachment* da presidenta Dilma Rousseff. Ele escreve:

> A rede é extensa, contando atualmente com parcerias com 450 *think tanks* em todo o mundo. A Atlas afirma ter gasto mais de 5 milhões de dólares com seus parceiros apenas em 2016. Ao longo dos anos, a Atlas e suas fundações caritativas associadas realizaram centenas de doações para *think tanks* conservadores e defensores do livre mercado na América Latina, inclusive a rede que apoiou o Movimento Brasil Livre (MBL).[2]

---

[1] Lee Fang, "Esfera de influência: como os libertários americanos estão reinventando a política latino-americana", *The Intercept*, 11 ago. 2017, disponível online, acesso em 9 fev. 2018.

[2] Idem.

E adiante:

O cenário político do qual surgiu o MBL é uma novidade no Brasil. Havia no máximo três *think tanks* libertários em atividade no país dez anos atrás, segundo Hélio Beltrão, um ex-executivo de um fundo de investimentos de alto risco que agora dirige o Instituto Mises, organização sem fins lucrativos que recebeu o nome do filósofo libertário Ludwig von Mises. Ele diz que, com o apoio da Atlas, agora existem cerca de trinta institutos agindo e colaborando entre si no Brasil, como o Estudantes pela Liberdade e o MBL.

"É como um time de futebol; a defesa é a academia, e os políticos são os atacantes. E já marcamos alguns gols", diz Beltrão, referindo-se ao *impeachment* de Dilma. O meio de campo seria "o pessoal da cultura", aqueles que formam a opinião pública.

Beltrão explica que a rede de *think tanks* está pressionando pela privatização dos Correios, que ele descreve como "uma fruta pronta para ser colhida" e que pode conduzir a uma onda de reformas mais abrangentes em favor do livre mercado. Muitos partidos conservadores brasileiros acolheram os ativistas libertários quando estes demonstraram que eram capazes de mobilizar centenas de milhares de pessoas nos protestos contra Dilma, mas ainda não adotaram as teorias da "economia do lado da oferta".

Fernando Schüler, acadêmico e colunista associado ao Instituto Millenium – outro *think tank* da Atlas no Brasil –, tem uma outra abordagem. "O Brasil tem 17 mil sindicatos pagos com dinheiro público. Um dia de salário por ano vai para os sindicatos, que são completamente controlados pela esquerda", diz. A única maneira de reverter a tendência socialista seria superá-la no jogo de manobras políticas. "Com a tecnologia, as pessoas poderiam participar diretamente, organizando – no WhatsApp, no Facebook e no YouTube – uma espécie de manifestação pública de

> baixo custo", acrescenta, descrevendo a forma de mobilização de protestos dos libertários contra políticos de esquerda.[3]

Quem está atento às redes sociais sabe bem o que significa.

Como mencionei, esse é apenas um dos pilares da intervenção imperial. O segundo pilar é a intervenção no processo político mediante o financiamento de partidos que veiculam os interesses econômicos do capital em geral e das empresas multinacionais em especial. Por vezes, as igrejas – sobretudo as evangélicas – são fortemente mobilizadas para veicular financiamentos.

O terceiro pilar é a intervenção no sistema judicial. Devo esclarecer, de partida, que essa intervenção não explica por inteiro o comportamento do poder Judiciário no Brasil. Há muitos outros fatores a considerar, da formação nas faculdades de direito à origem de classe, além de sua própria organização institucional e organizacional (carreiras, disciplina interna, salários etc.). A intervenção imperial no setor é apenas um fator, embora seja de crescente importância em alguns países. O investimento norte-americano no sistema judicial como instrumento de intervenção imperial intensificou-se dramaticamente depois da queda do Muro de Berlim, e a Rússia foi a grande "beneficiária" dessa intervenção, aparentemente sem muito sucesso. No subcontinente americano, a intervenção centrou-se na Colômbia, mas nos últimos dez anos foram feitos investimentos significativos em outros países – por exemplo, no Brasil[4]. Trata-se de uma inter-

---

[3] Idem.

[4] Boaventura de Sousa Santos e Maurício Garcia Villegas (orgs.), "Derecho y democracia: la reforma global de la justicia", em *El caleidoscopio de las justicias en Colombia*, v. 1 (Bogotá, Uniandes/Siglo del Hombre, 2001), p. 179-84. Ver também Boaventura de Sousa

venção que visa criar estruturas de acusação agressivas, bem equipadas e impregnadas de uma ideologia de independência judiciária orientada para a defesa prioritária do princípio da liberdade (em detrimento do princípio da igualdade) e da defesa absoluta da propriedade privada. Pretende-se, desse modo, incutir a ideia de que essa é a única ideologia judiciária legítima, porque é a única não política (as afinidades com a ideologia do projeto "Escola sem Partido" são evidentes).

Que o imperialismo não se equivoca sobre o que está em jogo no atual drama judicial resulta bem evidente no comentário de seu porta-voz talvez mais fiável, o *The Wall Street Journal*, em artigo da colunista habitual para o continente. No dia 4 de fevereiro de 2018, em "Lula's Conviction Is a Win for Brazil" [A condenação de Lula é uma vitória para o Brasil], escreveu:

> O mercado financeiro do Brasil disparou em janeiro quando um tribunal de recurso confirmou a condenação por suborno do ex-presidente Luiz Inácio Lula da Silva. A euforia dos investidores levou ao máximo a referência Ibovespa, chegando aos 5,3% na semana que acabou em 26 de janeiro. O mercado delirou, uma vez que a decisão faz aumentar as hipóteses de Lula da Silva não ser candidato às eleições presidenciais marcadas para 7 de outubro, não regressando, assim, ao palácio presidencial com seu pernicioso populismo. Mas há outra, e mais profunda, razão pela qual a decisão é uma boa notícia para o Brasil: ela é sinal de que o Judiciário está a ficar mais independente, e o Estado de direito está a atingir maturidade. Trata-se de um desenvolvimento para a economia

Santos, "Derecho y democracia: la reforma global de la justicia", em *Sociología jurídica crítica. Para un nuevo sentido común en el derecho* (Madri, Trotta, 2009), p. 454-505. Apesar de o título dos dois capítulos ser o mesmo, trata-se de textos muito diferentes.

> bem maior que qualquer descoberta de petróleo ou fenomenal cultura de soja.[5]

Depois de fazer referência a um texto do advogado brasileiro Geanluca Lorenzon – não por coincidência membro do Instituto Mises Brasil –, apresentado no Cato Institute, *think tank* conservador norte-americano – ainda menos por coincidência –, ela conclui: "O Estado de direito no Brasil ainda precisa de muito trabalho. Mas se o Supremo Tribunal se cingir aos fatos neste caso, será sinal de um novo padrão de independência e profissionalismo judicial que não deve ser ignorado"[6].

No caso da intervenção imperial, a perplexidade paralisante do tempo presente reside na dificuldade das forças democráticas, sobretudo de esquerda, em valorizar devidamente o poder dessa intervenção. Quando o fazem (raramente), tendem a cair no polo oposto e atribuir-lhe importância de tal maneira determinante que pode levar ao desânimo ou mesmo à desistência, uma das formas (a mais econômica) de que o imperialismo dispõe para realizar seus objetivos.

## Resistência e alternativa

Por fim, a quarta razão da perplexidade potencialmente paralisante do momento, a mais próxima dos objetivos deste livro, consiste na dificuldade das forças democráticas, sobretudo de esquerda, em organizar uma estratégia de resistência e de alternativa eficaz e com credibilidade, tendo em vista o contexto dominado pelos três

---

5 Mary Anastasia O'Grady, "Lula's Conviction Is a Win for Brazil", *The Wall Street Journal*, 4 fev. 2018; aqui, em tradução minha. Disponível online, acesso em 16 fev. 2018.

6 Idem.

fatores já referidos. Em geral, deveria falar igualmente neste contexto das forças democráticas de direita, ou seja, forças que reconhecem o campo democrático como o único legítimo para dirimir conflitos políticos. A tragédia atual do Brasil é que essas forças não podem ser hoje consideradas parceiras fiáveis de luta por uma democracia minimamente credível, uma democracia que saiba defender-se de sucessivos golpes institucionais, os quais, pela frequência, configuram a ideia de golpe continuado, por analogia com o conceito de crime continuado. E não podem ser parceiras fiáveis por causa de todas as conivências, por ação e por omissão, que revelaram com as forças golpistas, tanto nacionais como internacionais. Diante disso, penso que a sorte da democracia brasileira está hoje nas mãos das esquerdas nacionais.

## Os desafios

São dois os desafios. O primeiro tem algo de dilemático, porque implica agir como se a democracia estivesse funcionando com mínima consistência, sabendo de antemão que não está. A democracia funciona segundo a lógica de processos certos para a obtenção de resultados incertos. A constituição regulamentar de partidos, os sistemas e as leis eleitorais, o funcionamento de instâncias de controle dos processos de disputa política, a liberdade de expressão, o acesso à informação e à comunicação, tudo isso são processos que devem funcionar com grande regularidade e certeza para que os resultados da disputa eleitoral sejam incertos, ou seja, para que possa ganhar A ou B, para que não se saiba de antemão o resultado, independentemente do comportamento dos eleitores; enfim, para que não seja possível ganhar sempre nem perder sempre. Ora, temos assistido, em tempos recentes, não só no Brasil, mas também noutros países, não só no Sul global, mas também no Norte global, à crescente incerteza dos processos democráticos, devido à manipulação a que estão sujeitos pelos monopólios midiáticos, pelo financiamento extremamente desigual das campanhas eleitorais e pela corrupção em geral. A incerteza dos processos é promovida para conseguir resultados certos, ou seja, a vitória dos candidatos apoiados. Essa inversão da relação entre processos e resultados é fatal para o futuro da democracia.

O problema mais grave do Brasil neste momento é que essa inversão ocorre noutras instituições do regime democrático, nomeadamente no sistema judicial. O desenvolvimento concreto da operação Lava Jato e das operações-satélites revela que a certeza dos processos, que é garantida pelo respeito de boa-fé pelas regras processuais (criminais, civis, administrativas etc.), tem sido comprometida por procedimentos discricionários que não são corrigidos nem nas instâncias de recurso nem nas instâncias disciplinares. O objetivo dessa crescente incerteza dos processos visa, tal como na democracia, conseguir a certeza dos resultados – no caso, a condenação de um acusado de alto perfil que o império e as elites conservadoras nacionais querem varrer da luta política e apagar da memória democrática do país.

A gravidade dessa dupla inversão entre certeza de processos e incerteza de resultados é particularmente forte pela seguinte razão: em períodos de mais intensa disputa política, a luta institucional transforma-se com frequência numa luta entre instituições. Por exemplo, entre decisões do poder Executivo e do poder Legislativo ou entre qualquer um deles e as decisões do poder Judiciário. Nessas situações, instâncias moderadoras ou formas de acomodação tendem a ter lugar para permitir a continuidade dos processos democráticos. O que sucede quando todas as instituições do poder democrático embarcam na mesma inversão entre processos e resultados e coincidem na busca dos mesmos resultados? Haverá ainda espaço para falar de democracia ou ter-se-á esta transformado numa inércia grotesca no formato e fatal nos resultados? Penso que todas as forças genuinamente democráticas devem meditar sobre essas perguntas e dar-lhes resposta coletiva.

É nesse contexto adverso que as forças de esquerda terão de lutar pela democracia. Nessas condições, pode ser difícil confiar exclusivamente na luta institucional. Provavelmente terá de recorrer à luta extrainstitucional pacífica como estratégia complementar. Aliás, essa tem sido a estratégia da direita golpista, só que, no caso, não há compromisso com a não violência. Pelo contrário, a violência está nos manuais da provocação contrarrevolucionária. Para as forças de esquerda, o recurso à luta extrainstitucional exige uma articulação permanente com os movimentos sociais e todas as organizações populares. Nesse contexto, descurar essa articulação permanente ou mantê-la apenas instrumental e oportunisticamente para fins e em momentos eleitorais não passa de uma estratégia suicida.

O desafio é suficientemente exigente. E ainda há outro, não menos rigoroso. As forças de esquerda têm estado tradicionalmente fragmentadas, divididas por múltiplas diferenças, às vezes tão profundas que implicam transformar forças de esquerda rivais nos principais inimigos. Por razões que se explicam pelo passado, mas que serão suicidas num futuro caracterizado pelo perigo da sobrevivência da democracia, as esquerdas não têm sabido distinguir entre diferenças reais e pragmáticas, suscetíveis de acomodação e negociação, e diferenças ideológicas que, por vezes, assumem a forma de cismas dogmáticos muito próximos dos que no passado dividiram as religiões e levaram a lutas fratricidas.

Se este último desafio não for enfrentado com sucesso e a curto prazo, a democracia acabará por soçobrar.

Nesse caso, as forças de esquerda serão as primeiras vítimas, e todas por igual, independentemente das divisões que agora as tornam tão diferentes. As dificuldades são enormes, pois ficou claro que o golpe judiciário-parlamentar da destituição da presidenta Rousseff e a operação Lava Jato, com o apoio ativo do imperialismo norte-americano, tiveram por objetivo enfraquecer as forças de esquerda que governaram o país nos últimos treze anos – e conseguiram. E fizeram isso com tanto zelo que o Brasil recua agora a muito antes de 2003, quando teve início a primeira gestão do presidente Lula da Silva. A caricatura do Brasil real em que o Congresso se transformou com o atual sistema eleitoral e a cada vez mais abusiva judicialização da política fazem com que o sistema político brasileiro experimente tal desequilíbrio que configura uma situação de bifurcação: os próximos passos podem restabelecer a normalidade democrática ou, pelo contrário, aprofundar de modo irreversível a vertigem fascizante em que se encontra.

As principais forças de esquerda partidária no Brasil são o PT (Partido dos Trabalhadores), o PDT (Partido Democrático Trabalhista), o PSB (Partido Socialista Brasileiro), o PCdoB (Partido Comunista do Brasil) e o PSOL (Partido Socialismo e Liberdade). A agressividade com que o governo ilegítimo de Michel Temer tem desmantelado os ganhos de inclusão social dos últimos treze anos parece indicar que só com o rápido regresso da esquerda ao poder é possível estancar essa vertigem conservadora. Não se pode sequer confiar que uma força de centro-direita, com alguma consciência social, inverta esse processo e resgate alguns dos recentes ganhos de inclusão social. Essa força não existe ou não tem poder político para impor tal agenda. Entre muitas outras questões que a conjuntura brasileira suscita no momento, menciono a que é relevante para a análise que me proponho neste texto. É possível a esquerda voltar ao poder no Brasil num curto prazo e, se for, em que condições isso é desejável? Para que a esquerda regresse ao poder, é necessária a unidade ou a articulação entre vários partidos de esquerda?

Uma questão prévia a essas que acabo de formular é saber como vai evoluir o entendimento entre as diferentes forças de direita. Nesse domínio, o que distingue o Brasil de outros países analisados aqui é a divisão entre as diferentes forças de direita. É possível que o instinto de poder as leve a um entendimento de curto prazo. De todo modo, o que se passar com as forças de direita terá certamente impacto nas forças de esquerda. Para responder às questões da unidade ou da articulação entre as diferentes forças de esquerda, o primeiro fator que se deve ter em conta é que a esquerda, por meio do PT, esteve no poder nos últimos treze anos, algo que não aconteceu em nenhum dos outros países. Não ponho aqui em causa que o PT é um partido de esquerda nem que muitas das políticas que levou a cabo eram de esquerda. Como sabemos, foi um governo de aliança com partidos da direita, nomeadamente com o PMDB (Partido do Movimento Democrático Brasileiro)*, ao qual pertence o atual presidente.

Para o tema de que trato, são particularmente relevantes os seguintes fatores. Primeiro, o governo do PT foi contestado por outros partidos de esquerda, precisamente por causa das alianças com a direita. Segundo, no Brasil é bastante importante considerar a força de movimentos populares, não filiados a partidos de esquerda. Depois da crise política de 2015, formaram-se duas grandes frentes de movimentos populares, a Frente Brasil Popular e a Frente Povo sem Medo, com

---

* Desde a última convenção nacional extraordinária do partido, em dezembro de 2017, o PMDB voltou a adotar o nome de origem, MDB (Movimento Democrático Brasileiro). (N. E.)

sensibilidades de esquerda distintas – a primeira mais coincidente com o PT, a segunda mais aberta à ideia de alianças entre diferentes partidos de esquerda. Terceiro, as forças de direita (o governo ilegítimo, a grande mídia, a fração dominante do poder Judiciário e o imperialismo norte-americano) estão determinadas a impedir por todos os meios (já vimos que esses meios não têm de ser democráticos) que a esquerda volte ao poder, pelo menos até que o processo de contrarreforma esteja consolidado. Por exemplo, a reforma da previdência parece um objetivo difícil de atingir, mas essa pode ser uma das ilusões em que os períodos pré-eleitorais são férteis.

Para a direita, o maior obstáculo com que se enfrenta esse desígnio é a candidatura do ex-presidente Lula, pois está convencida (tal como acontece com um vasto setor da opinião pública) de que não há outros candidatos de esquerda que possam protagonizar uma candidatura ganhadora. Quarto, as políticas que os governos do PT levaram a cabo entre 2003 e 2016 permitiram criar a ilusão de que eram geradoras de uma grande conciliação nacional numa sociedade atravessada por clivagens profundas de classe, raça e sexo. Isso foi possível porque o contexto internacional permitiu um crescimento econômico que fez com que 50 milhões de brasileiros ficassem menos pobres, sem que os ricos deixassem de enriquecer. De fato, nesses anos, a desigualdade social agravou-se. Quando o contexto internacional mudou (a curva descendente do ciclo das *commodities*), esse modelo entrou em crise. O modo como ela foi gerida mostrou tragicamente que não tinha havido conciliação. As classes dominantes e as forças políticas a seu serviço apenas elevaram as expectativas de enriquecimento durante o período e tiveram poder suficiente para não as ver frustradas no novo contexto. Num contexto mais adverso para seus interesses, passaram ao enfrentamento mais radical, a situação presente. Isso significa que as políticas que foram a marca do governo PT, sobretudo nos primeiros dez anos, não têm nenhuma viabilidade no novo contexto. Aliás, os últimos anos do governo da presidenta Dilma Rousseff já foram anos pós-Lula. Com ou sem o presidente Lula, se a esquerda voltar ao poder, o governo será caracteristicamente pós-Lula.

Esses são, em meu entender, os principais fatores que nos ajudam a contextualizar o eventual desejo de articulação entre forças de esquerda (entre partidos e entre movimentos) e as dificuldades que ela pode enfrentar. Neste momento, identificam-se duas posições. A primeira, defendida pela liderança do PT, preconiza a unidade de esquerda sob a hegemonia do partido. A segunda, defendida por outras forças de esquerda e por setores do PT situados mais à esquerda, indica que a unidade deve assentar-se em acordo entre diferentes forças de esquerda sem a hegemonia de nenhuma delas. Uma variante dessa posição defende que as diferentes forças de esquerda devem, num primeiro momento, expressar livremente sua pluralidade e sua diversidade (medir forças) e, num segundo momento (segundo turno das eleições presidenciais ou alianças pós-eleitorais no novo Congresso), pactuar a unidade ou a articulação.

A primeira posição conta com um candidato de luxo, Lula da Silva, que não cessa de subir nas pesquisas. Mas, em janeiro de 2018, o futuro político dele é incerto. Por outro lado, essa posição pode, no melhor dos casos, garantir que uma força de esquerda chegue ao poder, mas não consegue garantir que, uma vez no poder, prossiga uma política de esquerda, ou seja, uma política que, mesmo moderada, não seja refém de alianças com a direita que a descaracterizem. Aliás, dada a estranha natureza do sistema partidário brasileiro, é possível que uma fração centro-direita do PMDB se transfira para o PT e se apresente com o candidato Lula às eleições presidenciais, cativando, por exemplo, a vice-presidência. Nesse caso, uma chapa PT aparentemente homogênea conteria um significativo componente de centro-direita.

A segunda posição tem sido defendida dentro e fora do PT. Dentro do PT, o mais importante porta-voz dessa posição é Tarso Genro, que foi um dos melhores ministros do governo Lula da Silva, governador do estado do Rio Grande do Sul e prefeito de Porto Alegre no período áureo da articulação entre democracia representativa e democracia participativa (orçamento participativo). Em declarações à imprensa em 14 de janeiro de 2018, afirmou:

> Defendo que os demais partidos de esquerda lancem seus candidatos e que Guilherme Boulos e Manuela d'Ávila [candidata do PCdoB] são novos quadros, importantes para a reconfiguração de uma nova frente política no futuro, capaz de hegemonizar um governo de centro-esquerda, de reformismo forte, como está ocorrendo ou tendendo a ocorrer em alguns países. Não se sabe até onde poderá ir a experiência portuguesa, por exemplo, nem mesmo qual é sua durabilidade, mas, se não ousarmos no sentido de compor uma esquerda plural, criativa e democrática, com um claro programa de transição de uma economia liberal rentista para uma economia com altas taxas de crescimento e novas formas de inclusão social e produtiva, o futuro da esquerda será cada vez mais incerto e defensivo.[7]

Curiosamente, de meu conhecimento, foi a primeira vez que um líder político brasileiro importante se referiu à articulação entre as forças de esquerda em Portugal como um caminho a ter em conta.

---

7 Tarso Genro, "Quero ajudar o PT e a esquerda a promover uma ampla unidade democrática e social", *Sul21*, 14 jan. 2018, disponível online, acesso em 16 fev. 2018.

Essa segunda posição é, sem dúvida, a mais promissora, tanto mais que permite dar visibilidade ao único líder popular e de esquerda, além de Lula da Silva, que o Brasil conheceu nos últimos quarenta anos. Trata-se de Guilherme Boulos, jovem líder do MTST (Movimento dos Trabalhadores Sem Teto) e da Frente Povo Sem Medo. Dados o desgaste do governo PT nos últimos anos e o golpe institucional que veio bloquear o processo democrático, a segunda posição, ao contrário da primeira, exclui quaisquer alianças com as forças de direita.

Assim, parece que as esquerdas brasileiras estão condenadas a articular-se, se quiserem chegar ao poder para realizar um programa de esquerda. Para que isso aconteça, pode ser necessário que as esquerdas fiquem fora do poder mais tempo do que se imagina.

## Atualização em agosto de 2018

Seis meses depois desta análise feita anteriormente, as esquerdas brasileiras estão dominadas pelas urgências típicas do início de um ciclo eleitoral, que vai se prolongar do fim de agosto até o fim de outubro. Essas urgências ocorrem num ambiente caótico porque se combinam com um nível de imprevisibilidade sem precedentes no mais recente período democrático do país, iniciado com a Constituição de 1988. Essa imprevisibilidade decorre de vários fatores dos quais distingo três: a prisão do ex-presidente Lula da Silva e o modo grotescamente irregular como foi julgado e preso; o endurecimento geral do regime político e o aumento da violência política; e as dificuldades de construção de hegemonia tanto à direita como à esquerda. Analiso brevemente cada um deles.

*Lula da Silva: o preso político mais famoso do mundo?* O modo como Lula da Silva foi julgado e preso tem implicações para o regime jurídico-político do Brasil que transcendem em muito o caso concreto. Merece, por isso, uma análise mais detalhada.

Os casos do que designamos como justiça dramática, apesar de representarem uma ínfima parte do trabalho dos tribunais, são, pela sua hipermidiatização, uma boa janela para analisar a legitimidade social, a autonomia e a independência dos tribunais e a qualidade e democraticidade da justiça administrada. O processo Lula da Silva põe a nu de forma gritante que algo está podre no sistema judicial brasileiro, evidenciando procedimentos e práticas judiciárias incompatíveis com princípios e garantias fundamentais de um Estado democrático de direito, os quais devem ser denunciados e democraticamente combatidos. Saliento os seguintes.

*Exceção moldando os processos judiciais-penais*. A independência dos tribunais constitui um dos princípios básicos do constitucionalismo moderno, reforçado em vários instrumentos de direito internacional, seja a Declaração Universal dos Direitos Humanos ou o Pacto Internacional dos Direitos Civis e Políticos, como garantia do direito dos cidadãos a uma justiça livre de pressões e de interferências, seja por parte da hierarquia do próprio Judiciário, do poder político ou de poderes fáticos, nacionais ou internacionais. O reforço das condições de efetivação daqueles princípios, designadamente por meio de modelos de governabilidade do Judiciário, com ampla autonomia administrativa e financeira, está no centro de muitas de suas agendas de reforma. Mas, numa sociedade democrática, esse reforço não pode resvalar para um poder seletivo e autoritário, sem fiscalização e sem qualquer sistema de contrapesos. O processo Lula da Silva evidencia um Judiciário em que tal resvalamento está em curso. Eis dois exemplos. O primeiro é a clara disjunção entre o ativismo judiciário contra Lula da Silva – célere, eficiente, eficaz e implacável na ação (Sérgio

Moro decretou a prisão de Lula escassos minutos após ser notificado da decisão de indeferimento do *habeas corpus*, do qual ainda era possível recorrer, e desde a denúncia à execução da pena decorreram menos de dois anos) – e a lentidão da ação judicial contra Michel Temer e outros políticos da direita brasileira. E não se pode alegar que essa inação tenha sido bloqueada por manobras do poder político, designadamente pelo Congresso, porque não se conhece igual ativismo do Judiciário na denúncia dessas manobras e em procurar ultrapassá-las. O segundo é a restrição moldada pela ideia de exceção dos direitos e liberdades constitucionalmente consagradas. Num Estado democrático de direito, os tribunais têm de ser espaços de aprofundamento de direitos. Ora, o que se assiste no Brasil é precisamente o contrário. A Constituição brasileira determina que ninguém será considerado culpado até o trânsito em julgado de sentença condenatória. Isto é, até que se esgotem todas as possibilidades de recurso, ninguém pode ser considerado culpado e, consequentemente, não pode cumprir pena. A Constituição portuguesa tem uma norma semelhante, e não se imagina que o Tribunal Constitucional português viesse, à revelia da letra e do espírito da Constituição, determinar que uma pessoa fosse presa com o seu processo em recurso no Supremo Tribunal de Justiça. Ora, foi exatamente isso o que a maioria dos juízes do Supremo Tribunal Federal brasileiro fez: restringiu direitos e liberdades constitucionais ao determinar que, mesmo não tendo o processo transitado em julgado, Lula da Silva poderia começar a cumprir pena. Qual é a legitimidade social e política do poder judicial para restringir direitos e liberdades fundamentais e constitucionalmente consagrados? Como pode um cidadão ou uma sociedade ficar à mercê de um poder que diz ter razões legais que a lei desconhece? Qual é a legitimidade de um juiz em evocar a ineficiência e a dilação processual, como fez um dos juízes do Tribunal, para prender uma pessoa que a Constituição diz não poder ser considerada culpada? Que confiança pode merecer um sistema judicial que cede a pressões militares e em que uma juíza reconhece haver uma contradição entre os princípios constitucionais que pessoalmente defende e a posição de uma parte do coletivo de juízes, mas ainda assim decide a favor desta última, dando a entender que o faz contra a sua convicção?

*Falta de garantias do processo criminal.* O debate midiático em torno da prisão de Lula enfatizou o fato de o processo ter sido apreciado e julgado por um tribunal de segunda instância que não só confirmou sua condenação como ainda agravou a pena. Em condições normais, esse agravamento obrigaria a uma justificação adicional de culpabilidade. Infelizmente, a hegemonia ideológica de direita que domina o espaço midiático não permite um debate juridicamente sério a esse respeito. Se fosse dado espaço ao debate, compreender-se-ia quão importante é questionar as provas materiais e quais as provas diretas dos fatos em que foram assentadas a acusação e a condenação. Do que se conhece, essas provas não existem no processo ou são muito tênues. A acusação e a condenação a doze anos de prisão de Lula da Silva fundamentam-se, sobretudo, em presunções e em informações obtidas através de acordos de delação premiada (em troca de um "benefício" que pode ir desde a total imunidade penal até a redução substancial da pena que lhe seria aplicada, um indivíduo objeto de inquérito judicial penal denuncia e fornece informações sobre outras pessoas). Deve-se acrescentar ainda que, no sistema judicial brasileiro, as condições de recolhimento e de validação da prova dificilmente são escrutináveis, dado que quem preside à investigação e valida as provas é quem julga em primeira instância, ao contrário do que, por exemplo, acontece em Portugal, onde o juiz que intervém na fase de investigação não pode julgar o caso, permitindo, assim, um verdadeiro escrutínio da prova em que se assenta a acusação. O domínio do processo, na fase de investigação e de julgamento, por um juiz confere a este um poder suscetível de manipulação e de instrumentalização política dificilmente escrutináveis no próprio processo. Facilmente se compreende a magnitude do perigo para a sociedade e para o regime político no caso de este poder não se autocontrolar.

*Instrumentalização da luta contra a corrupção.* O debate sobre o caso Lula protagonizado por vários atores do Judiciário, que utilizam habilmente as redes sociais e que a mídia amplifica, tem polarizado instrumentalmente o combate contra a corrupção, colocando de um lado os atores judiciais do processo da Lava Jato, com Sérgio Moro à frente, a eles colando o combate intransigente contra a corrupção, e do outro todos aqueles que questionam métodos de investigação, atropelos a direitos e garantias constitucionais, provas, atitudes autoritárias do Judiciário, a seletividade e a politização da justiça. É óbvio que essa polarização é instrumental e visa ocultar justamente diversos atropelos do Judiciário, quer quando age, quer quando se recusa a agir. O roteiro midiático da demonização do PT é tão obsessivo quanto grotesco. Consiste na seguinte equação: corrupção-igual-a-Lula--igual-a-PT. Quando se sabe que a corrupção é endêmica e atinge todo o Congresso, inclusive o atual presidente da República. O jornal *O Estado de S. Paulo* de 7 de abril de 2018 é paradigmático a esse respeito. Conclui o roteiro com a seguinte diatribe: "a exemplo do que aconteceu com Al Capone, o célebre gângster americano que foi preso não em razão de suas inúmeras atividades criminosas, mas sim por sonegação de impostos, o caso do triplex, que rendeu a ordem de prisão contra Lula, está muito longe de resumir o papel do ex-presidente no Petrolão". Essa narrativa omite, como sempre, o mais decisivo: no caso de Al Capone, os tribunais provaram de fato a sonegação dos impostos, ao passo que, no caso de Lula da Silva, os tribunais não provaram a aquisição do apartamento. Por incrível que pareça, da leitura das sentenças tem de concluir-se que a suposta prova é a mera presunção e convicção dos magistrados. A campanha do antipetismo nestes últimos meses tem feito lembrar a campanha antissemita dos tempos do nazismo. Em ambos os casos, a prova para condenar consiste na evidente desnecessidade de provar.

As irregularidades óbvias desse processo têm tido alguns efeitos surpreendentes. A obsessão punitiva foi nesse caso tão excessiva que o sistema judiciário degradou sua própria imagem e legitimidade, tanto nacional como internacionalmente, a um nível e com consequências que, por agora, são difíceis de avaliar. Por sua vez, a imagem política e humana de Lula saiu dessa húbris político-judicial fortemente fortalecida e melhorada. Vítima de uma flagrante injustiça e, para muitos, um preso político, Lula da Silva viu aumentar exponencialmente seu crédito político e sua popularidade junto das classes populares. Paulatinamente, os erros ou desacertos dos governos do PT por ele hegemonizados no período 2003-2016 foram sendo minimizados ou esquecidos – para o que contribuiu também o agravamento da crise econômica e a política de austeridade, que desabou sobre as classes populares –, e Lula da Silva foi-se consolidando como o pré-candidato de longe mais bem posicionado para ganhar as eleições presidenciais de 2018, mesmo estando preso, sem poder dar entrevistas nem gravar vídeos e ser muito provavelmente inelegível nos termos da chamada Lei da Ficha Limpa (Lei Complementar n. 135 de 2010), segundo a qual uma pessoa condenada em segunda instância não pode candidatar-se a cargos políticos.

Se o objetivo político-judicial era destruir a imagem do ex-presidente, tudo leva a crer que a estratégia seguida pela elite conservadora falhou e foi mesmo contraproducente. Terá, no entanto, atingido com êxito seu objetivo principal: retirar Lula da Silva da contenda eleitoral de 2018 e fazê-lo sem uma alteração qualitativa do regime político e sem níveis incontroláveis de perturbação social. Mas, mesmo nesse aspecto, o objetivo pode ter sido apenas parcialmente atingido. Em agosto de 2018, ainda resta a dúvida sobre a influência que o ex-presidente pode ter na escolha do próximo presidente da República e na governança do país no próximo ciclo político.

## O endurecimento geral do regime político

Nos últimos meses, o regime político endureceu consideravelmente. Aumentou a violência política da qual a manifestação mais visível foi o assassinato da vereadora do Rio de Janeiro Marielle Franco, em 14 de março de 2018. Para além disso, ocorreram outras execuções de líderes políticos locais; aumentou a violência contra líderes sociais, sobretudo no meio rural; acentuou-se o verdadeiro genocídio de jovens negros e pobres das periferias urbanas; foi decretada a intervenção militar no estado do Rio de Janeiro, com o pretexto da luta contra o crime organizado; têm sido perseguidos judicialmente professores e investigadores, sob acusações chocantes contra os resultados da sua pesquisa científica (por exemplo, no domínio dos efeitos danosos para a saúde pública decorrentes do uso irregular de agrotóxicos na agricultura industrial).

O golpe institucional que levou à destituição da presidenta Dilma Rousseff em 2016, a prisão de Lula da Silva e a condução global da operação Lava Jato acabaram por consolidar um regime de exceção que, à semelhança do que tem ocorrido noutros países, parece transcorrer em suposta normalidade democrática. Sem mudar qualitativamente, o regime político tem acentuado seus traços reacionários e autoritários, a ponto de ser plausível considerar Lula da Silva um preso político apesar de isso ocorrer num regime formalmente democrático. Tenho defendido que a democracia brasileira, por si mesma já uma democracia de baixa intensidade, tem se transformado numa democracia de baixíssima intensidade. Isso significa que o caráter socialmente excludente e politicamente restritivo das liberdades democráticas se acentuou nos últimos tempos. Sem se transformar num regime ditatorial de tipo fascista, abre-se espaço para forças políticas neofascistas, forças de extrema direita que usam os instrumentos políticos que restam da democracia para fazer a apologia de práticas típicas da ditadura (apologia à tortura, justificação da violência extrajudicial contra populações pobres e racializadas, retórica de violenta intolerância contra líderes políticos de esquerda etc.). A face mais visível dessa pulsão neofascista é Jair Bolsonaro, militar na reserva, deputado federal. Depois de Lula da Silva, é o pré-candidato a presidente da República mais bem posicionado nas pesquisas. Trata-se de um populista de extrema direita tão mal preparado para dirigir o país e tão improvável como vencedor das eleições como era Donald Trump poucos meses antes das eleições nos Estados Unidos em 2016.

Outros traços do endurecimento do regime político referem-se ao modo como se tem acentuado o protagonismo do poder Judiciário em detrimento do Legislativo e do Executivo e à consequente judicialização da política. O Judiciário é hoje no Brasil o fator principal da insegurança jurídica que atinge a todos, sobretudo as grandes maiorias que mais precisariam de um sistema judicial acessível e comprometido com os objetivos constitucionais da defesa dos direitos civis, políticos, econômicos e sociais. Esse endurecimento não se pode explicar sem considerar o papel da crise econômica, uma crise de rentabilidade do capital que impôs o fim da política de conciliação de classes que os governos do PT e muito particularmente Lula da Silva tinham defendido e praticado (o chamado lulismo ou lulapetismo).

As elites dominantes, com o apoio ativo do imperialismo norte-americano e do capital financeiro global, estimularam (quando não provocaram) a crise financeira e política do Estado para impor uma versão mais agressiva do capitalismo, socialmente mais excludente e mais dependente da criação de populações descartáveis – na prática, sub-humanas – por via do recrudescimento da dominação colonialista (racismo, extermínio de jovens negros, colonialismo interno e violência contra os que lutam pela terra e pelo território, sejam eles camponeses, povos indígenas e afrodescendentes, populações ribeirinhas e piscatórias) e da dominação patriarcal (aumento da violência contra as mulheres, liquidação das recentes conquistas pela igualdade e pelo reconhecimento da diferença).

Essa foi a condição imposta pelas elites nacional e internacionalmente dominantes para não recorrer a um regime explicitamente ditatorial. Note-se que o contexto em que ocorreram os fascismos na Europa eram muito distintos. Tratava-se então de conter um movimento operário militante e muito organizado, a fim de neutralizar o "perigo" comunista. As ameaças à dominação capitalista eram então percebidas com uma dimensão existencial que não têm hoje. Pelo contrário, a dominação capitalista, colonial e patriarcal parece hoje temer menos do que nunca possíveis inimigos. Conseguiu, ao menos aparentemente, uma hegemonia por via da qual o *slogan* das esquerdas dos anos 1920 "socialismo ou barbárie" foi substituído pelo *slogan* "capitalismo ou barbárie", ao mesmo tempo que as barbaridades cometidas pelo capitalismo se tornam cada vez mais evidentes e perigosas, atentatórias do mais elementar direito humano, o direito à vida, para nem sequer falar do direito à vida digna.

## Dificuldades de construção de hegemonia tanto à direita como à esquerda

Historicamente, as forças políticas de direita sempre mostraram mais unidade nos momentos decisivos que as forças políticas de esquerda. Frequentemente, nem sequer tiveram de se preocupar em detalhar as condições de sua unidade porque contaram sempre com um apoio surpreendente para a conquista ou a manutenção do poder político: a divisão entre as forças de esquerda. Essa assimetria não decorre de uma deformação intrínseca qualquer que impeça as esquerdas de fazer diagnósticos corretos nos "momentos decisivos" e de contabilizar as perspectivas do médio prazo nas urgências da autopreservação no curto prazo. Decorre, antes, de uma outra assimetria que é constitutiva das sociedades capitalistas, colonialistas e patriarcais em que vivemos desde que a opção (consensual) pelo regime político democrático deixou de poder contemplar a opção por um regime econômico alternativo ao capitalismo (o socialismo). A partir de então, a direita, quando governa, detém o poder político, econômico e social, enquanto a esquerda, quando governa, detém o poder político, mas não o poder econômico nem o poder social. Essa assimetria permite à direita ter, em geral, mais certezas nos "momentos decisivos" – por exemplo, a de manter intacto o poder econômico e social mesmo quando se vê obrigada a perder o poder político. Pelo contrário, as forças de esquerda tendem a superestimar o próprio poder quando estão no governo (como se o poder político acarretasse, por si, o poder econômico e social) e a subestimá-lo quando estão na oposição (a perda do poder político é vista como perda total e convida a um refúgio em estratégias isolacionistas de sobrevivência partidária). Esse desequilíbrio é fator de confusão e miopia oportunista nos momentos em que seria mais importante a clarividência de objetivos estratégicos e hierarquizados.

No Brasil, essa assimetria é hoje mais visível do que nunca, embora se devam ter presentes os antecedentes que levaram ao suicídio de Getúlio Vargas em 1954 e ao golpe militar dez anos depois. Na crise que se instaurou depois das eleições de 2014, a direita esteve sempre mais unida que a esquerda. No momento em que, devido à crise internacional, se apercebeu que o seu poder econômico estava em perigo, decidiu que, para salvaguardá-lo, seria preciso reconquistar plenamente o poder político, ou seja, pôr fim à política de alianças com os governos do Partido dos Trabalhadores que tinha sido mantida desde 2003. Daí o golpe institucional que levou ao impedimento da presidenta Dilma Rousseff, à prisão atrabiliária de Lula da Silva e ao desmantelamento rápido e agressivo das políticas mais emblemáticas do período anterior. A facilidade com que a direita tirou do caminho o petismo mostra que o período anterior assentou-se num equívoco. O que para o PT era uma política de conciliação de classes mais ou menos duradoura era, para a direita, uma mera política conjuntural de alianças, e o ódio classista e racista que se propagou feito gasolina incendiada é prova disso.

Mas de imediato ficou evidente que a unidade das forças de direita era sobretudo uma unidade negativa, isto é, uma unidade para eliminar a presença do petismo da cena política. A unidade para construir uma alternativa positiva (a configuração específica das relações entre o poder político, o poder econômico e o poder social) teria de ter outro ritmo, o ritmo do ciclo eleitoral de 2018.

Tomadas de surpresa (o que, em si, já é significativo), as forças de esquerda levaram algum tempo a reagir, principalmente porque já vinham divididas no que diz respeito à avaliação das políticas e das práticas de governabilidade dos governos petistas. No entanto, os "excessos" da contrarreforma facilitaram a emergência de uma unidade entre as forças de esquerda, também ela uma unidade negativa: o consenso no repúdio do ritual sacrificial do qual foi vítima Lula da Silva e, consequentemente, o consenso na campanha "Lula Livre" e na reivindicação de seu direito a ser candidato no ciclo eleitoral de 2018.

Em agosto de 2018, as eleições entram em fase decisiva, e as assimetrias anteriormente notadas estão, de novo, bem presentes. No que diz respeito à direita, muitos analistas salientam a falta de unidade positiva patente na ausência de um candidato óbvio à liderança política do próximo período político. Em meu entender, essa análise está equivocada. A aparente falta de unidade é uma armadilha bem urdida para garantir que o segundo turno das eleições presidenciais seja decidido entre dois candidatos de direita. No momento em que isso ocorrer, a direita saberá tornar claras suas escolhas. A menos que as condições econômicas internacionais se deteriorem acentuadamente, optará por uma política conservadora sistêmica em detrimento de uma política de ultradireita com pulsão antissistêmica. Obviamente que não está garantido que essa estratégia resulte plenamente. As dinâmicas da política do ressentimento atualmente em vigor podem soltar os demônios do populismo de extrema direita. De todo modo, tal solução garantirá o principal: a congruência mínima entre o poder político democrático de baixíssima intensidade e o poder econômico e social de semblante particularmente excludente e repressivo.

No que diz respeito às forças de esquerda, à medida que se intensifica a lógica eleitoral, a falta de unidade positiva a fim de garantir uma alternativa política minimamente de esquerda torna-se cada vez mais patente.

A lógica tática de sobrevivência partidária a curto prazo parece dominar, e o paradoxo mais chocante a qualquer observador atento parece escapar às lideranças partidárias: o paradoxo de se apregoar a unidade das esquerdas no segundo turno e, ao mesmo tempo, fazer de tudo para não haver candidatos de esquerda no segundo turno. Nesse domínio, a responsabilidade do PT é particularmente forte por ser o principal partido de esquerda e ter como pré-candidato o político mais bem colocado nas pesquisas, ainda que essa pré-candidatura não se possa converter em uma candidatura de fato. As assimetrias entre esquerda e direita que assinalei até aqui são agora particularmente dramáticas.

Se é verdade o que afirmei anteriormente – que o que o PT viu como conciliação de classes era, para a direita, uma mera aliança política conjuntural –, resulta particularmente incompreensível que se insista em políticas de aliança com as forças de direita que apoiaram o golpe institucional quando é evidente que não há agora quaisquer condições para a conciliação de classes, nem mesmo como ilusão credível. Ou seja, as condições que permitiram ao PT ser a esquerda hegemônica no período anterior deixaram de existir. Faria, pois, sentido que a hegemonia fosse reconstruída sem alianças com a direita e, pelo contrário, com alianças construídas horizontalmente com outras forças de esquerda e centro-esquerda. Em vez disso, impera a tática da sobrevivência partidária no próximo ciclo político mesmo que isso implique desperdiçar a oportunidade de eleger um presidente da República que estanque a vertigem de exclusão e repressão que se abateu sobre as maiorias empobrecidas e racializadas. Essa posição é, no entanto, mais complexa que o puro taticismo. Constitui o cerne da identidade política que Lula da Silva costurou para o PT nas últimas décadas. O fato de estar preso faz com que Lula seja agora mais do que nunca o fiador dessa identidade. O pós-lulismo e o lulismo não podem coexistir. De algum modo, o PT está refém de Lula, e Lula está refém... de si próprio.

Deve, no entanto, salientar-se que Lula da Silva é um líder político de qualidades geniais. Mesmo de uma cela é capaz de influenciar de maneira decisiva a condução da política brasileira. Não é fácil encontrar na história contemporânea outro líder tão carismático que consiga ampliar sua aceitação popular, subindo de maneira tão espetacular nas pesquisas, apesar de preso há vários meses e depois de uma campanha de demonização midiática e judicial sem precedentes. Diz certamente muito sobre Lula da Silva, mas também revela algumas complexidades insondáveis da estrutura social brasileira e do modo como as mensagens midiáticas são recebidas pelo público a quem se destinam.

A aposta de Lula da Silva é a mais arriscada de todas as que fez até agora. Consiste em permanecer na disputa eleitoral o mais tempo possível e confiar que, no caso de ser declarado inelegível, haverá uma transferência massiva de votos para o candidato que ele indicar, certamente o candidato a vice-presidente na sua chapa, Fernando Haddad. Provavelmente só assim se garantirá a presença de um candidato de esquerda no segundo turno. A hipótese mais segura de isso acontecer seria a de ter havido um entendimento entre Lula da Silva e Ciro Gomes (PDT), uma hipótese que aparentemente já foi descartada. Se a aposta de Lula tiver êxito, a direita vai ter de reavaliar a eficácia e os custos políticos do golpe institucional, uma vez que sem ele talvez assumisse o poder nestas eleições de maneira mais segura e limpa. No caso de decidir não adulterar ainda mais o jogo democrático, terá certamente de investir tudo em agravar os custos políticos da reversão das leis (a contrarreforma) que, entretanto, conseguiu aprovar durante o interregno do golpe institucional.

Se a aposta de Lula falhar e um candidato de direita for eleito, as classes populares vão ver ainda mais agravadas suas condições de vida e, com isso, o gênio político de Lula não poderá deixar de ser questionado. Seguir-se-ão intensas disputas no seio do PT e provavelmente algumas cisões. Abrir-se-á então o período pós-Lula.

Em face disso, tudo indica que, com base no PT, não será possível, por agora, pensar numa renovação das forças de esquerda a partir de uma nova política de construção de hegemonia. Fora da esquerda hegemonizada pelo PT, o PSOL parece construir uma alternativa junto com o movimento Vamos, oriundo da Frente Povo Sem Medo, o Movimento dos Trabalhadores Sem Teto (MTST), a Articulação dos Povos Indígenas do Brasil (Apib) e o Partido Comunista Brasileiro (PCB). Seus candidatos à presidência da República são Guilherme Boulos (presidente) e Sonia Guajajara (vice-presidente). Essa candidatura aposta na renovação das esquerdas com base em novas lógicas de aliança e de articulação programática, excluindo-se as alianças com forças de direita. Parece, pois, um partido que está tirando as conclusões corretas de tudo o que aconteceu nos últimos anos. No entanto, deve estar cada vez mais consciente de que tal renovação só é pensável depois das eleições de 2018 e a sua construção é totalmente contingente, na medida em que dependerá de resultados eleitorais, por agora imprevisíveis, e das consequências sociais que deles decorrerem. No plano da contingência, deverá estar certamente incluída a possibilidade da criação de um novo partido, que seja também um partido novo, um partido-movimento, construído internamente por mecanismos de democracia participativa para ser verdadeiramente novo e inovador no plano da democracia representativa. Na base desse partido estarão eventualmente movimentos e organizações sociais, bem como os setores mais movimentistas do PSOL e setores mais à esquerda do PT e de outros partidos. Para essa aposta fazer sentido, é preciso que o trabalho político de base das forças sociais e políticas de esquerda continue a ser possível no próximo ciclo político. A ausência das ameaças ao capitalismo que existiam há cem anos parece indicar que se manterá o regime democrático, mesmo que de baixíssima intensidade. Deve, no entanto, considerar-se uma incógnita perturbadora. Afinal, o fascismo e o neofascismo têm razões que a razão desconhece.

## Atualização em janeiro de 2019

Em 7 de outubro de 2018 realizou-se o primeiro turno das eleições gerais no Brasil. Como nenhum dos candidatos à presidência conquistou 50% dos votos, foi necessário um segundo turno, que se realizou em 28 de outubro. Venceu o candidato da ultradireita neofascista, Jair Bolsonaro, com 55% dos votos, com uma especial concentração da votação no Sul e no Sudeste do país, as regiões mais desenvolvidas, enquanto o candidato da esquerda, Fernando Haddad, com 45% dos votos, teve maior apoio eleitoral no Norte e no Nordeste, as regiões menos desenvolvidas. Desses resultados há de se fazer algumas reflexões em relação ao que ficou dito atrás.

*A derrota mitigada da direita tradicional.* Foram derrotadas todas as forças políticas de direita e de esquerda que tinham dado sustentação ao regime democrático depois de 1988. No caso da direita tradicional (MDB, PSDB, DEM), nem Jair Bolsonaro nem o seu vice-presidente, o general Hamilton Mourão, eram os candidatos escolhidos. Perante o fracasso de seus possíveis candidatos, essa direita resignou-se a apoiar Bolsonaro na esperança de obter de seu governo a radicalização do modelo de desenvolvimentismo neoliberal que os governos do PT tinham prosseguido de forma mitigada, ou seja, com ressalvas de proteção social e de salvaguarda de interesses nacionais.

A radicalização consistirá em várias medidas, algumas delas já em curso, representando uma ruptura com o passado recente ou mesmo com o pacto fundador da transição democrática de 1988: liberalização total da economia e abertura irrestrita dos recursos naturais ao capital estrangeiro; privatização da previdência social e de todas as prestações públicas potencialmente rentáveis; erosão dos direitos dos trabalhadores e eliminação da justiça trabalhista que lhes servia de suporte; expansão sem limites da fronteira agrícola, com a implicação de ignorar as demarcações de terras indígenas, abandonar qualquer vestígio de reforma agrária e reprimir toda forma de resistência dos camponeses na sua luta pela terra.

A direita tradicional sabe que Bolsonaro representa um custo e um risco. Por um lado, seu radicalismo ideológico de extrema direita obriga a silenciar a ala mais moderada da direita. Por outro, a polarização social que as políticas de Bolsonaro eventualmente causarão pode acabar por reabilitar a esquerda.

*A derrota da esquerda.* A vitória de Bolsonaro representa uma derrota histórica da esquerda e muito especialmente da estratégia do ex-presidente Lula da Silva. Essa estratégia consistia em seguir até o limite as indicações das sondagens que davam a Lula da Silva a preferência do eleitorado e, no último momento, confirmada a sua inelegibilidade, apresentar um candidato indicado por ele, confiando numa massiva transferência de votos. O candidato indicado foi Fernando Haddad, que teve como vice-presidente Manuela d'Ávila, uma jovem e notável líder política. Pela razão anteriormente indicada, a chapa entrou demasiado tarde na campanha eleitoral e, apesar de ter feito um esforço notável – esforço esse que não foi unanimemente acompanhado pela liderança do partido, longe disso –, não conseguiu vencer a avassaladora onda bolsonarista. Essa onda fez com que, ainda no primeiro turno, se impusesse entre as forças de esquerda a lógica do voto útil, o que resultou numa pesada derrota do candidato do PSOL Guilherme Boulos. Boulos e Manuela d'Ávila são, sem dúvida, os políticos mais promissores de uma esquerda brasileira renovada.

*Extremismo ideológico disfarçado de anti-ideologia.* O extremismo ideológico tem duas frentes aparentemente incompatíveis. Por um lado, o extremismo econômico de uma política neoliberal radical, até hoje só executada de modo sustentável num regime ditatorial, como aconteceu no Chile de Pinochet. Essa política implica uma aceitação incondicional dos imperativos capitalistas gerados internacionalmente. Por outro lado, o extremismo das ideias políticas ultraconservadoras ou mesmo reacionárias (isto é, subsidiárias dos ideais que prevaleceram até a Revolução Francesa de 1789), que inclui: elogio à ditadura e à tortura dos dissidentes; retórica nacionalista contra supostas ideologias estrangeiradas; apologia ao racismo, ao sexismo e à xenofobia; eliminação física dos criminosos comuns e dos opositores de esquerda, se necessário com o recurso de milícias privadas; criminalização dos movimentos sociais; censura de autores não alinhados com as ideias conservadoras; política de costumes informada pelas vertentes mais reacionárias das religiões cristãs, sobretudo do evangelismo pentecostal radical, que envolvem a eliminação dos direitos de diversidade cultural, racial, sexual, religiosa e muito particularmente dos direitos reprodutivos das mulheres e da diversidade de orientação sexual, transformados em perigosa "ideologia de gênero".

Essa vasta e sufocante prisão ideológica é apresentada como anti-ideologia, como pensamento único, universalmente válido, em face do qual todo pensamento divergente é inválido e, por isso, uma ideologia condenável. Tal inversão permite apresentar o projeto ultraconservador de controle ideológico e político da educação, apresentado como "Escola sem Partido".

*Militarização do poder civil ou "civilização" do poder militar.* As Forças Armadas tiveram um papel preponderante para o êxito do fenômeno bolsonarista e têm agora uma participação sem precedentes no governo do novo presidente. Tiveram uma intervenção decisiva na neutralização política de Lula da Silva, pressionando as instituições, nomeadamente os tribunais, para que ele se mantivesse preso e afastado da disputa eleitoral. Nas vésperas de uma decisão crucial do Supremo Tribunal Federal sobre a possibilidade de libertação do ex-presidente por não se terem ainda esgotado os recursos da sentença judicial que o condenou a doze anos de prisão, o então comandante do Exército, general Eduardo Villas Bôas, advertiu num *post* feito na rede social Twitter em 18 de setembro de 2018 que o Exército repudiava a impunidade dos políticos e "estava atento às suas missões institucionais". Lula da Silva permaneceu na prisão e foi definitivamente impedido de se candidatar.

Já eleito presidente, Jair Bolsonaro agradeceu publicamente ao general Villas Bôas pela publicação, declarando: "O senhor é um dos responsáveis por eu estar aqui". E acrescentou: "O que conversamos morrerá entre nós". Segundo o jornalista e escritor espanhol Juan Arias,

> Hoje o Exército está presente não somente em quase um terço dos ministérios como conta com 45 membros, entre eles 18 generais e 11 coronéis, espalhados em 21 áreas de infraestrutura que lidarão com bilhões de orçamento. Algo que não aconteceu sequer durante os governos da ditadura.[8]

Isso significa que os militares regressaram ao poder, dessa vez na condição de participantes preponderantes

---

8 Juan Arias, "Existe um pacto secreto entre Bolsonaro e o Exército?", *El País*, 22 jan. 2019, disponível online, acesso em 19 set. 2019.

de um governo civil democraticamente eleito. Aliás, não deixa de ser enigmático que, em termos militares, o presidente seja um capitão reformado, paraquedista, exonerado do Exército por insubordinação, e o vice-presidente, um general. Essa "inversão" da hierarquia militar pode significar tanto a afirmação da lógica civil em detrimento da lógica militar como um seguro militar que por enquanto funciona como tutela de reserva, mas que amanhã pode ser acionado, se as condições o exigirem ou justificarem.

*O bonapartismo judicial.* A nomeação de Sérgio Moro – o juiz de primeira instância que coordenou a operação Lava Jato e protagonizou a emergência do estado de exceção que garantiu a neutralização política de Lula da Silva – como ministro da Justiça do novo governo representa a culminação de uma alteração dramática no sistema de divisão dos poderes próprio da matriz da democracia liberal. Essa alteração vinha sendo construída nos últimos dois anos com a hiperpolitização do poder Judiciário: um protagonismo sem precedentes na vida política; seletividade gritante na perseguição de agentes políticos suspeitos de corrupção; presença midiática decisiva nos passos mais importantes do calendário político; e manipulação arbitrária do processo judicial, trocando a certeza dos procedimentos pela certeza na obtenção dos resultados – no caso, a neutralização política de Lula da Silva e a demonização global do Partido dos Trabalhadores e seus aliados. Tudo isso obrigava a concluir que a lógica da intervenção judicial ocorria fora dos limites da divisão dos poderes, tanto mais que a dinâmica dessa intervenção ocorria com uma estranha inversão da hierarquia judicial, com um juiz de primeira instância a interferir recorrentemente nas decisões dos tribunais superiores sem nenhum acionamento de procedimentos disciplinares. A nomeação ministerial do juiz Sérgio Moro revelou que a maneira como foi conduzida a operação Lava Jato visou eliminar um adversário político, abrir o caminho para uma carreira política e elevar o patamar para uma intervenção política permanente do poder Judiciário.

Estamos perante um bonapartismo de tipo novo. Como o bonapartismo tradicional, partilha a atrofia fatal da democracia pelo protagonismo dado aos poderes menos dependentes do voto popular. Mas, ao contrário do bonapartismo tradicional, o protagonismo não é transferido do poder Legislativo para o Executivo, mas sim para o poder Judiciário, o mais imune ao controle democrático. Trata-se agora de saber se essa nova configuração política vai se manter ou se foi apenas a arma que permitiu produzir uma manipulação radical do jogo político democrático, a fim de garantir a imposição de medidas que não seriam sufragadas em um processo democrático "normal", tais como medidas econômicas neoliberais radicais e o alinhamento incondicional com o imperialismo norte-americano, e de o fazer sem recorrer à imposição da ditadura.

*O regime da democracia branca como projeto de dupla repressão e dupla contenção.* O incremento do autoritarismo político vem se acentuando desde o *impeachment* da presidenta Dilma Rousseff e atinge agora novos patamares. A continuação da prisão política de Lula da Silva; a execução da vereadora Marielle Franco; a intervenção militar no estado do Rio de Janeiro; o aumento da violência contra os povos indígenas, a população negra e quilombola, as mulheres e a população LGBTI; a invasão ilegal e impune dos territórios demarcados dos povos indígenas; as ameaças de morte a agentes políticos democraticamente eleitos (de que é exemplo mais dramático o deputado federal Jean Wyllys, obrigado a refugiar-se no estrangeiro) – tudo isso combinado com o bonapartismo judicial – configuram a emergência de um regime político de tipo novo. Designo-o como democracia branca. Trata-se de uma democracia duplamente truncada. Branca, porque visa à neutralização dos "vermelhos", para usar uma expressão de Jair Bolsonaro, ou seja, os partidos de esquerda, sobretudo o PT e o PSOL e os movimentos sociais que lhes estão próximos, considerados pela extrema direita como perigosos comunistas. Branca, porque assentada na supremacia do homem branco, no racismo e no sexismo, arvorados em políticas públicas ungidas pela bênção das vertentes mais conservadoras e mais radicais do cristianismo político. A primeira dimensão tem nas Forças Armadas o apoio decisivo, e a segunda, nas igrejas evangélicas, com forte presença no governo e na sociedade. Ambas as dimensões da branquitude são fundamentais para impor as políticas econômicas antissociais exigidas pelo neoliberalismo e pela submissão ao imperialismo norte-americano.

A democracia branca assenta-se numa dupla repressão que, para ser eficaz, tem de operar por um misto de medidas institucionais e extrainstitucionais, de medidas políticas ou parapolíticas e atos de violência sistemática. Trata-se, por um lado, da repressão das forças políticas de esquerda e, por outro, da repressão das classes populares no caso provável de reagirem à agressão econômica a que serão sujeitas. A repressão das forças políticas ocorre por medidas institucionais que tanto podem consistir em alterações do sistema político ou em medidas parapolíticas de que são exemplo as acusações de corrupção. As medidas extrainstitucionais envolvem as ameaças de morte e o assassinato de fato. A repressão das classes populares ocorre por medidas institucionais, que tanto podem envolver violência física (brutalidade policial, intervenção militar nos conflitos internos etc.) como violência ideológica ou institucional (degradação dos serviços públicos, eliminação de prestações sociais em caso de pobreza extrema, doutrinação religiosa e midiática para a resignação). As medidas extrainstitucionais são ações das milícias paramilitares e do crime organizado. Deve salientar-se que em muitas situações a distinção entre medidas institucionais e medidas extrainstitucionais esbate-se, por exemplo, quando o crime organizado e as milícias são o braço armado de políticos eleitos.

A democracia branca, ao mesmo tempo que se assenta na dupla repressão (que pode ser violenta ou não), assenta-se na necessidade de contenção no exercício da repressão, sobretudo da repressão extrajudicial violenta. O novo regime confere às Forças Armadas um papel decisivo na calibração da contenção. Trata-se da contenção da estigmatização verbal das forças políticas de esquerda e da violência física contra seus agentes políticos e sociais. O objetivo de neutralizar essas forças é partilhado pelo componente militar e pelo componente civil do regime, mas os militares querem evitar os "excessos", que podem levar ao descrédito internacional do regime ou a uma polarização social descontrolada e desestabilizadora. A mesma estratégia de contenção confiada aos militares ocorre no domínio da repressão social. Nesse domínio, as Forças Armadas parecem querer evitar a situação colombiana, na qual a violência social, sobretudo no campo, está entregue a milícias paramilitares, muitas vezes em alianças insondáveis com as forças militares regulares. Ao menos por ora, parece que o componente militar do regime brasileiro rejeita mais convictamente o recurso às milícias do que o componente civil.

*O alinhamento com o imperialismo norte-americano.* Tenho defendido que a rivalidade entre o império decadente dos Estados Unidos e o império ascendente da China vem condicionando cada vez mais as opções geoestratégicas da grande maioria dos países do mundo. Essa rivalidade traduz-se, hoje, na guerra comercial e na disputa de zonas de influência, sobretudo nas regiões do mundo em que a presença da China é mais recente, sobretudo nas Américas Latina e Central e na Europa. Trata-se de um novo tipo de guerra fria, agora centrado nas Américas. Mas o objetivo é o de sempre: criar cordões sanitários que neutralizem os rivais e delimitem zonas de alinhamento incondicional. Na Europa, o alinhamento passa pelo enfraquecimento da União Europeia e, se possível, pelo seu desaparecimento. Está documentada a interferência dos Estados Unidos no Brexit e suas alianças privilegiadas com os países governados pela ultradireita eurocética, como a Polônia, a Hungria e a Itália. Na perspectiva dos Estados Unidos, uma vez reduzida a um conjunto de países, que aliás historicamente sempre primaram por relações de hostilidade entre si, o único país com alguma relevância econômica é a Alemanha e certamente terá de ser levada em conta, seja para neutralizá-la, seja para exigir o seu alinhamento. No que diz respeito às Américas Latina e Central, o deslocamento da guerra fria para essa região do mundo é ainda mais complexa e tem passado por várias fases. Primeiro, tratou-se de neutralizar governos populares que tivessem a pretensão de conquistar alguma autonomia nas relações internacionais e na gestão de seus recursos naturais. Começou com o golpe institucional nas Honduras em 2009 (os fugitivos hondurenhos a caminho dos Estados Unidos são fruto disso), que pôs em prática um novo mecanismo de intervenção imperial, mais tarde aplicado no Paraguai, em 2012, e no Brasil, em 2014. A segunda fase consistiu em impedir qualquer participação dos países latino-americanos nas iniciativas promovidas pela China para deslocar para o Oriente a dinâmica do desenvolvimento do capitalismo global, o que implicava a criação de instrumentos financeiros novos e relativamente independentes do controle norte-americano (e das instituições de Bretton Woods). Foi assim que surgiram os Brics, um conjunto de países de desenvolvimento intermediário e com grandes populações: Brasil, Rússia, Índia, China e, mais tarde, África do Sul. Por diferentes meios, todos esses países têm sido hostilizados, neutralizados ou "convidados" a abandonar o projeto. No Brasil, dada a existência de uma democracia funcional e com algum pluralismo, o alinhamento incondicional não estava garantido com o *impeachment* da presidenta Dilma Rousseff. Era necessário que o novo processo eleitoral gerasse um Congresso e um presidente inequivocamente alinhado com os Estados Unidos e disponível para entregar os recursos naturais às empresas multinacionais. Daí a interferência decisiva dos Estados Unidos nas eleições de 2018. Em parte já documentada, essa interferência foi direta, chocante, polifacetada e teve nas Forças Armadas, em Sérgio Moro e nas redes sociais seus três principais veículos.

O alinhamento conseguido é de tal maneira excessivo que seria ridículo se não fosse trágico para a vida das classes populares do continente. Inclui um estilo Trump de comunicação presidencial, com a mesma exorbitância retórica na estigmatização dos inimigos (isto é, todos os que não concordam com as políticas propostas); a projetada visita presidencial a Taiwan ou a transferência da embaixada em Israel para Jerusalém; a aliança privilegiada com Israel em múltiplas áreas, sobretudo na área da segurança; a entrega ao desbarato dos recursos naturais às empresas multinacionais, incluindo a discriminação negativa contra as empresas nacionais; e uma política continental orientada para a defesa dos interesses dos Estados Unidos, dramaticamente patente no protagonismo assumido na "mudança de regime" da Venezuela, dando guarida a um governo paralelo e fantoche apesar de suas relações diplomáticas com o governo bolivariano e considerando mesmo uma intervenção militar – o mesmo estandarte da guerra por procuração usado no Oriente Médio, com a hedionda consequência da destruição de milhões de vidas inocentes. Nesse alinhamento existe, todavia, uma incógnita: o controle da Amazônia, que os Estados Unidos consideram um território de sua segurança nacional. Qual será a reação dos militares perante essa exigência?

*A difícil renovação e a articulação das forças democráticas e de esquerda.* A avalanche de radicalismo político conservador tem sido de tal modo intensa e desbocada que as forças políticas democráticas que não se reveem no projeto bolsonarista, em especial as forças políticas de esquerda, incluindo os movimentos sociais, estão em estado de choque, incapazes de formular respostas coerentes ou, no mínimo, de promover articulações defensivas que reduzam os danos do desvario radical que desabou sobre elas. Este período não pode demorar muito, sobretudo no caso dos partidos e movimentos de esquerda, porque está em jogo sua sobrevivência, como resulta claro do projeto de democracia branca que formulei anteriormente. Aliás, a extrema direita revela grande insegurança caso tenha de entrar em qualquer disputa democrática com as esquerdas. Daí as muitas declarações no sentido de ser necessário tomar medidas radicais o mais rapidamente possível, pois, do contrário, "os vermelhos podem regressar".

Na recomposição política contra a extrema direita distingo duas tarefas fundamentais, todas com dois ritmos, o curto e o médio prazos: reconstrução da democracia e reconstrução de alternativas de governo de esquerda. Qualquer uma dessas tarefas pressupõe exercícios de autocrítica e de disputa interna.

## A reconstrução da democracia

Ao comprometer-se quase toda com o *impeachment* da presidenta Rousseff, a direita tradicional perdeu boa parte de sua legitimidade democrática. Revelou que seu compromisso com a democracia é condicionado pela preservação dos próprios interesses e, de tal modo, que sempre que estes o exijam está disposta a descartar a democracia. Como defendo neste texto, nas condições do mundo de hoje, apenas as forças de esquerda salvaguardam incondicionalmente a democracia, e é por isso que considero altamente arriscada, no contexto brasileiro, qualquer aliança entre forças de esquerda e forças de direita com incidência governativa. No entanto, o objetivo de reconstruir e preservar a democracia, regressando à "normalidade" democrática depois da manipulação massiva e grotesca da opinião pública que tão fortemente condicionou as preferências eleitorais em 2018, é bastante mais amplo que soluções de governabilidade. Em meu entender, deve pautar-se pelas seguintes ideias e plasmar-se numa frente democrática ampla:

1. Trata-se, antes de mais nada, de contrariar ativamente a ideologia antidemocrática que se infiltrou nos processos e nos discursos dos últimos anos. Os estudos revelam que as estruturas de confiança política dos brasileiros assentam em instituições pouco ou nada sujeitas ao controle democrático: as Forças Armadas, o sistema judicial, as igrejas e a família. Se veiculada por essas instituições, a cultura antidemocrática tem um peso social muito forte. Por isso, a reposição de uma cultura mais democrática envolve um vasto e diversificado conjunto de ações junto da opinião pública e da sociedade civil, em especial da sociedade civil organizada. É uma operação pedagógica que obriga os políticos e os militantes democráticos a sair da zona de conforto. Essa operação deve incluir intervenientes de diferentes orientações ou famílias políticas de modo a inculcar os valores e as práticas de argumentação e de convivência democráticas.

2. Fazer intervenções concertadas entre as várias forças democráticas no sentido de combater o estado de exceção em que se encontra o país no plano jurídico-político. Fomentar uma corrente de opinião contra o

bonapartismo judicial e apoiar, na opinião pública, os profissionais do direito que são contrários ao estado de exceção e que muitas vezes se sentem impotentes ou perseguidos. Mobilizar, na medida do possível, as faculdades de direito e as escolas da magistratura para essa luta.

3. Acordar na condenação particularmente veemente de alguns retrocessos, nomeadamente na educação, no respeito pela diversidade, no secularismo do Estado, nos direitos dos povos indígenas, na denúncia do trabalho análogo ao escravo.

4. Defender intransigentemente o protesto social pacífico e os movimentos sociais que o organizam.

5. Internacionalizar a luta pela preservação da democracia, articulando a frente democrática com frentes e movimentos similares noutros países.

As disputas no seio de cada uma das forças políticas, tanto de esquerda como de direita, devem ser despolarizadas, isto é, devem circunscrever-se às questões que não ponham em causa as tarefas de preservação e de reconstrução democráticas anteriormente delineadas.

## Reconstrução de alternativas de governo de esquerda

É de temer que o curto prazo seja longo. Por isso, o pensamento de curto prazo terá de ter em conta as perspectivas de médio e de longo prazos. A diferença entre ambos os ritmos é basicamente a seguinte: o curto prazo é o prazo para desmentir o mantra da extrema direita de que "os vermelhos vão ser neutralizados para nunca mais voltar ao poder". É, pois, o prazo de recomposição interna e de articulação com outras forças de esquerda para definir pontos de convergência nas lutas que serão travadas no Congresso com a direita e a extrema direita e na preparação da disputa política das próximas eleições. No curto prazo, a recomposição interna vai ser certamente a tarefa mais difícil e, por essa razão, também será difícil ou instável a articulação entre as diferentes forças políticas de esquerda.

A tarefa de recomposição será particularmente dura no interior do PT, o partido que deu sustentação aos governos progressistas entre 2003 e 2016. O fato de a estratégia de Lula da Silva ter falhado facilitaria, em princípio, uma vasta autocrítica dos governos petistas e a recomposição de sua direção. Porém, o fato de o ex-presidente estar preso torna o PT refém de seu ilustre preso político e impede qualquer autocrítica, uma vez que esta, por mais suave que fosse, acabaria por pôr em causa aspectos decisivos da condução política de Lula da Silva, o que seria certamente interpretado pelos adversários como justificativa de sua prisão. Os adversários, da direita à extrema direita, sabem disso e pretendem manter Lula da Silva preso ou neutralizado para que o PT se mantenha imobilizado, num desejo impossível de renovação. E, de fato, Lula da Silva continua aparentemente a controlar da prisão todos os movimentos mais importantes do partido. Compreende-se o dilema dos militantes do PT que desejam a autocrítica e uma profunda remodelação da estrutura dirigente: como honrar o passado petista dirigido por Lula da Silva e propor uma ruptura total com muitos de seus métodos de governo, quer porque eram intrinsecamente errados ou condenáveis, quer porque as condições atuais tornam impossível qualquer repetição da mesma receita. Nisso consiste o impasse petista, e sua demonstração mais óbvia reside no fato de o único dirigente que saiu ileso da crise e conquistou o voto de mais de 47 milhões de brasileiros no segundo turno das recentes eleições presidenciais, Fernando Haddad, não conseguir se impor como novo presidente do partido.

Nos outros partidos de esquerda as tarefas de curto prazo não são tão dramáticas e talvez por isso tenham mais disponibilidade para articular o curto com o médio prazo. Essa reflexão deve pautar-se pelas seguintes ideias:

1. A esquerda só tem futuro se for a esquerda do futuro. O que deve ser a esquerda nas novas condições do ciclo reacionário, caracterizado pelo fortalecimento da extrema direita, pelo domínio descontrolado do capital financeiro global, pelo controle selvagem dos recursos naturais, pela alarmante degradação do meio ambiente, pela renovação agressiva do colonialismo e do heteropatriarcado?

2. Com talvez mais evidência do que durante o século passado, o sistema de dominação atual é composto da ação articulada de três modos principais de criação sistêmica de poder extremamente desigual: capitalismo, colonialismo (que não terminou com a independência das colônias, apenas mudou de forma) e o heteropatriarcado. Mais do que nunca a resistência contra a dominação tem de ser articulada, o que não aconteceu no passado. Como reorganizar os partidos de esquerda e os movimentos sociais que são seus aliados de modo a responderem a essa exigência histórica?

3. A agressividade desse modo de dominação neste início de século tem se acentuado com inovações tecnológicas que desvalorizam ainda mais a força de trabalho e criam populações descartáveis. Essa desvalorização torna inviável a ideia, nunca muito credível, de um capitalismo com rosto humano. Mesmo a democracia liberal é hoje incompatível com esse modo de dominação. Isso está patente no modo como esse tipo de democracia tem sido sequestrado por forças antidemocráticas a serviço do sistema de dominação. As democracias correm o risco de morrer democraticamente. Nessas condições, a esquerda do futuro ou é anticapitalista, anticolonialista e antipatriarcal, ou será um embuste.

4. A esquerda do futuro tem de encabeçar uma nova Declaração (verdadeiramente) Universal dos Direitos

Humanos para vigorar nos próximos setenta anos. Aos direitos da primeira declaração devem acrescentar-se os direitos da natureza, os direitos à memória e à história, o direito a viver numa sociedade anticapitalista, anticolonialista e antipatriarcal. A nova declaração deve incluir, entre os novos crimes de lesa-humanidade, todas as atividades econômicas que pressupõem (ao menos como dano colateral) a destruição da vida. São disso exemplos a mineração de alta intensidade tecnológica, indiferente ao sofrimento das populações por ela afetadas e às potenciais catástrofes ambientais, assim como as atividades especulativas do capital financeiro desregulado, que produzem o colapso das políticas sociais e dos cuidados médicos em países injustamente endividados, de que decorrem perdas de vida e inabarcável sofrimento humano.

5. Uma força de esquerda não pode transformar outra força de esquerda em seu adversário principal. As diferenças entre as várias famílias da esquerda devem ser respeitadas e mesmo alimentadas até o ponto de não colocarem em causa as articulações e as alianças políticas centradas nos pontos de convergência suscetíveis de fortalecer a luta pela emancipação social. Nisso consistem as rivalidades despolarizadas.

6. Não há democracia sem partidos, mas há partidos sem democracia. Uma das antinomias da democracia liberal de nosso tempo reside em ela assentar cada vez mais nos partidos como forma exclusiva de agência política, ao mesmo tempo que os partidos são internamente cada vez menos democráticos. Tal como a democracia liberal, a forma partido-tradicional esgotou seu tempo histórico. Os sistemas políticos democráticos do futuro têm de combinar a democracia representativa com a democracia participativa em todos os níveis de governança. A participação cidadã tem de ser multiforme e multicanais. Os próprios partidos devem ser internamente constituídos

por mecanismos de democracia participativa. Nisso consiste a passagem da forma partido-tradicional para a forma partido-movimento. Não se pense, no entanto, que a revolução da informação eletrônica e as redes sociais constituem, em si, um instrumento incondicionalmente favorável ao desenvolvimento da democracia participativa. Pelo contrário, como se viu nas recentes eleições no Brasil, podem contribuir para manipular a tal ponto a opinião pública que o processo democrático pode ser fatalmente desfigurado. O exercício da democracia participativa necessita hoje mais do que nunca de reuniões presenciais e discussões face a face. A tradição das células partidárias, dos círculos de cidadãos, dos círculos de cultura, das comunidades eclesiais de base tem de ser reinventada. Não há democracia participativa sem interação de proximidade.

# Capítulo 5

## Colômbia: a fratura da luta armada sob a vigilância do império

A Colômbia é outro país latino-americano onde haverá eleições presidenciais em 2018 e onde a questão da articulação entre forças de esquerda se coloca com alguma acuidade. Tal como podia acontecer em Portugal e pode acontecer no Brasil, a falta de unidade talvez signifique que o país, qualquer que seja o sentido global do voto dos colombianos, seja governado por uma direita neoliberal, hostil ao processo de paz e totalmente subserviente aos interesses continentais do imperialismo norte-americano.

Entre os fatores a inviabilizar ou condicionar fortemente a articulação entre forças de esquerda, distingo dois: o processo de paz e a interferência do imperialismo norte-americano.

*O processo de paz*[1]. No momento em que escrevo estas linhas (janeiro de 2018), o processo de paz está numa perturbadora encruzilhada. Depois de referendado pelo Congresso (com modificações significativas em relação ao que tinha sido acordado em Havana ao fim de cinco

---

1 Em *Democracia y transformación social* (Bogotá/Cidade do México, Siglo del Hombre/Siglo XXI, 2017), dedico a esse tema um capítulo, intitulado "Colombia entre la paz neoliberal y la paz democrática".

anos de negociações), o acordo entre o Governo e as Farc (Forças Armadas Revolucionárias da Colômbia) começou a ser aplicado ao longo de 2017, e o que se pode dizer desse período é que não há muitas esperanças de que seja cumprido. Aliás, a violência paramilitar contra líderes sociais aumentou ao longo do ano e, neste momento, mais trinta ex-guerilheiros ou seus familiares foram assassinados, além de mais de uma centena de líderes sociais. Entretanto, iniciaram-se as negociações de paz entre o Governo e o ELN (Exército de Libertação Nacional da Colômbia).

O Acordo de Havana é um documento notável, porque nele estão detalhadas as condições para uma paz democrática, ou seja, uma paz assentada na eliminação das causas sociais, econômicas e políticas que levaram ao conflito armado. O acordo era particularmente minucioso sobre a reforma política e a justiça transicional. Admitia-se que o pós-conflito colombiano surgia num período de crise do neoliberalismo e que só teria alguma viabilidade de se transformar num genuíno processo de paz caso, à contracorrente, fosse orientado para consolidar e ampliar a democracia, isto é, conferindo mais intensidade à convivência democrática de baixa intensidade atualmente vigente. Depois da farsesca narrativa neoliberal – tão trágica para a maioria da população mundial – de que a democracia não tem condições, o pós-conflito só se transformaria num processo de paz caso aceitasse discutir criativa e participativamente a questão das condições sociais, econômicas e culturais da democracia.

Pode-se dizer que a paz democrática foi o projeto explícito que orientou as negociações. Mas, subjacente a ele, esteve sempre um projeto implícito, que designei como "paz neoliberal". Esse projeto não pretendia nenhuma reforma política nem econômica e apenas visava ao desarme das forças de guerrilha para garantir o livre acesso à terra e aos territórios por parte do capitalismo agrário e minerador nacional e estrangeiro. Tudo parece indicar que esse projeto implícito era, afinal, o único projeto para o governo colombiano. Por sua vez, a direita mais conservadora manifestara-se sempre contra as negociações com a guerrilha, e sua força ficou demonstrada nos resultados do referendo sobre o acordo de paz. Durante um ano, assistimos a uma crescente demonização da guerrilha por parte das forças de direita, em certos setores do Estado (Fiscalía) e por parte dos principais meios de comunicação. Essa bem orquestrada demonização visou retirar dos ex-guerrilheiros qualquer legitimidade para serem vistos pela sociedade como membros de uma organização política que não foi militarmente derrotada e que, como tal, deve ser bem-vinda na sociedade pela decisão de abandonar as armas e seguir a luta pelas vias políticas legais.

*O imperialismo norte-americano.* A Colômbia ocupa uma posição estratégica no continente. Quando analisamos a história do conflito armado nesse país, torna-se evidente a interferência constante do imperialismo norte-americano, sempre no sentido de defender os interesses econômicos das suas empresas (pensemos na tristemente célebre United Fruit Company), os interesses geoestratégicos de seu domínio continental e, obviamente, os interesses das oligarquias colombianas aliadas, umas mais dóceis que outras.

A Colômbia foi o único país latino-americano a enviar tropas para combater ao lado dos norte-americanos na Guerra da Coreia. Foi o país que promoveu a expulsão de Cuba da Organização dos Estados Americanos (OEA) e, em tempos recentes, defendeu mais acirradamente, na mesma organização, a expulsão da Venezuela. Sob o pretexto da luta contra o narcotráfico, o Plan Colombia, assinado por Bill Clinton em julho de 2000, transformou a Colômbia no terceiro país do mundo a receber mais ajuda militar dos Estados Unidos (depois de Israel e Egito) e na nação com mais ajuda para treino militar direto pelos Estados Unidos.

Para os Estados Unidos, agora centrados na asfixia do regime bolivariano da Venezuela, é importante que a Colômbia continue um aliado fiável para seus desígnios no continente. É igualmente importante que as empresas multinacionais norte-americanas tenham, por fim, livre acesso aos recursos naturais da Colômbia, acesso que até agora foi limitado, devido ao conflito armado. Para os Estados Unidos, o fim do conflito armado é a oportunidade de a Colômbia se entregar finalmente e sem limites ao neoliberalismo. Para os Estados Unidos, é benéfico que o conflito armado continue, mesmo que sob outras formas, a fim de que as Forças Armadas colombianas, o agente político mais próximo do império, continuem a ter um papel crucial nos processos políticos internos.

*As forças de esquerda e o contexto eleitoral.* A esquerda ou centro-esquerda colombiana está fragmentada em véspera de eleições legislativas e presidenciais. Para estas últimas, as forças de esquerda apresentam os seguintes candidatos: Clara López, Gustavo Petro, Jorge Robledo, Claudia López, talvez uma candidata de centro-esquerda, Sergio Fajardo, um candidato de centro que alguns consideram de centro-esquerda, e dois candidatos de direita, Germán Vargas Lleras e Iván Duque. Humberto de la Calle Lombana, que foi o negociador do processo de paz por parte do governo, tem sido mencionado como possível candidato de esquerda. O novo partido das Farc (Fuerza Alternativa Revolucionária del Común) atravessa um complexo processo de consolidação interna, próprio da transformação de grupo guerrilheiro em partido político. Em fins de janeiro, apresentou seu programa e seus candidatos às eleições legislativas e presidenciais. Para estas últimas, o candidato é o histórico líder da guerrilha, Rodrigo Londoño, conhecido por Timochenko, que esteve à frente do processo das negociações de paz em Havana.

Nas atuais condições, corre-se o risco de as forças de esquerda diminuírem ou até perderem a representação parlamentar e de serem os dois candidatos de direita a disputar o segundo turno das eleições presidenciais. Qualquer um deles, no máximo, aceita a paz neoliberal. Iván Duque, o representante da direita mais reacionária, ligada ao ex-presidente Álvaro Uribe, será o que mais fielmente servirá os interesses imperiais.

Tradicionalmente, a esquerda colombiana é muito fragmentada. No passado, a grande clivagem foi entre a esquerda reformista (internamente dividida) e a esquerda revolucionária, adepta de mudanças radicais via luta armada (também ela dividida entre vários grupos). Poderíamos pensar que por fim surgiu uma oportunidade histórica para a esquerda colombiana se unir, uma vez que essa clivagem desapareceu. Infelizmente, não parece ser o caso, porque o modo como tem sido implementado o processo de paz mostra que a clivagem, afinal, continua de uma forma perversa no estigma social e político com que estão a ser marcados os ex-guerrilheiros. Em vez de serem bem-vindos por terem abandonado as armas, são demonizados por todos os crimes que cometeram, como se o Acordo de Paz não tivesse ocorrido, como se nenhum crime tivesse sido cometido contra eles e como se eles fossem criminosos comuns. A direita formula esse estigma com o *slogan* de que os ex-guerrilheiros usurparão o campo democrático para impor o "castro-chavismo". O pós-conflito está a ser reconceitualizado como conflito por outros meios só aparentemente mais democráticos.

As diferentes forças de esquerda reformistas temem qualquer associação com as Farc, agora partido político. Ao fazerem isso, correm o risco de se colocar no campo da paz neoliberal e, portanto, no campo ideológico da direita. De uma forma ou de outra, as forças de esquerda correm o risco de se renderem à lógica dos que clamam contra o "castro-chavismo". Se interiorizarem a ideia de que têm de "lavar" a imagem da esquerda, de purificá-la, mesmo que para isso seja necessário retocá-la com cores de direita, isso será um caminho de desastre. Para fugir ao "inferno venezuelano", podem cair na mais diluída versão da social-democracia europeia. Se não se unirem, as diferentes forças de esquerda não poderão realizar um programa de esquerda, mesmo que uma delas conquiste o poder. Tal como aconteceu no passado, podem mesmo acabar por aliar-se com forças de direita.

Ao deixar-se prender na armadilha do dilema entre política como dantes e castro-chavismo, as forças de esquerda se autoexcluem do campo em que seria possível a unidade com base num programa unitário de esquerda. Esse campo incluiria temas como: a defesa do processo de paz entendida como paz democrática; a luta contra a enorme desigualdade social e os fascismos sociais que ela cria; a defesa dos processos populares de gestão de terras, de formas de economia solidária, sobretudo nas regiões mais afetadas pelo conflito armado; a democratização da democracia, aprofundando-a e ampliando-a; a reforma do Estado para blindá-lo contra a privatização das políticas públicas em consequência da corrupção e do abuso de poder; e um distanciamento, mesmo que gradual, em relação aos desígnios do imperialismo. Para tudo isso, seria necessário que o curto prazo fosse visto como parte do longo prazo, ou seja, seriam necessários um horizonte político e uma visão de país que não se confinassem aos cálculos eleitorais do momento.

As candidatas e os candidatos têm salientado a necessidade de buscar entendimentos e alianças entre as forças de esquerda. Uma das candidatas, Clara López, em comunicação pública de 11 de janeiro de 2018, identificava os pontos de convergência e de divergência entre as diferentes forças de esquerda e exortava-as a articularem-se e a negociarem uma agenda comum assentada nas convergências, com vista a construir "uma grande coligação progressista". Apresentava um roteiro concreto no caminho da convergência:

> 1. Dentro da tradição pluralista de nossas diversas perspectivas políticas e sem abandonar as diferenças que caracterizam nossos ideários, acordamos em convocar, de maneira conjunta, nossos concidadãos a voltar a sonhar com uma Colômbia em paz, de prosperidade partilhada, livre de corrupção e amiga da natureza.
> 2. Ao submeter-nos a uma consulta interpartidária no próximo mês de março, reconhecemos a liberdade de condução da candidatura que triunfe, dentro do programa aprovado por uma convenção do partido ou movimento dessa candidatura, com a participação dos outros setores da consulta e seus aliados, que conformarão uma coligação que se compromete a governar a Colômbia dentro do total compromisso com as instituições, a paz, a democracia, o respeito da diferença e a transformação social.[2]

E conclui que estaria disposta a aceitar a fórmula de convergência que reunisse mais consenso. Se não fosse possível, seria candidata. Aparentemente, numa demonstração de que o passado pesa mais que o futuro entre as esquerdas colombianas, haverá três listas de esquerda nas próximas eleições legislativas de março: a lista das Farc, a lista de Gustavo Petro e Clara López e a lista do Polo Democrático, liderada por Jorge Robledo. Avizinha-se a derrota, de novo, e desta vez pode ser fatal para a presença da esquerda no Congresso. Impacto da divisão nas eleições presidenciais que se seguirão dois meses depois?

---

2 Clara López Obregón, "Coalición progresista. Dialogando podremos identificar acuerdos y explorar las bases para llegar unidos a la primera vuelta", *El Tiempo*, 11 jan. 2018, disponível online, acesso em 16 fev. 2018.

## Atualização em agosto de 2018 (com a colaboração de Bryan Vargas Reyes)

A intensa dinâmica da vida política colombiana nos aconselha a atualizar cada um dos temas tratados anteriormente. Comecemos com os desenvolvimentos mais recentes de dois temas contextuais mas decisivos, para depois passarmos à análise do recente processo eleitoral e dos desafios para as esquerdas.

*O processo de paz*. Em agosto de 2018, o processo de paz com as Farc enfrenta graves perigos que, não sendo superados, poderiam levar a Colômbia a um novo conflito armado, desta vez com outras lógicas e outros atores. Hoje, a paz está em perigo não só pelo não cumprimento do acordo por parte do governo, mas também pela incerteza que enfrentam todos os desmobilizados e as comunidades rurais beneficiárias do acordado em Havana. A incerteza que enfrentam os membros das Farc é tal que um dos seus líderes, Luciano Marín Arango, conhecido como "Iván Márquez", não tomou posse no Congresso invocando três razões: 1) a montagem judicial empreendida pelo *fiscal general* e a DEA, contra "Jesús Santrich", líder das Farc acusado de continuar a incorrer em delito depois da assinatura do acordo final; 2) o desfiguramento da Jurisdição Especial para a Paz (JEP) depois das múltiplas modificações feitas pelo uribismo; e 3) a falta de determinação para cumprir questões essenciais do acordo.

Com o processo de paz debatendo-se entre a vida e a morte, a desconfiança em torno do não cumprimento dos acordos propiciou o crescimento de grupos de dissidência das Farc devido ao fato de muitos dos desmobilizados estarem regressando à selva para fazer parte dessas dissidências. A falta de implementação dos acordos também causou a captura dos territórios onde, no passado, a guerrilha representava as funções do Estado. Essa captura foi feita por grupos paramilitares com a finalidade de controlar rotas e locais estratégicos para o narcotráfico e para a mineração ilegal.

Paralelo a tudo isso, o não cumprimento também está custando a vida dos ex-guerrilheiros que decidiram se desmobilizar e acreditar na paz. Segundo o relatório de 26 de julho de 2018 da missão da Organização das Nações Unidas na Colômbia, foram assassinadas 51 pessoas no processo de reincorporação na sociedade civil, e outras 5 foram alvo de desaparecimento forçado[3].

O projeto de paz democrática cada vez mais se torna um projeto de paz neoliberal. Observamos como, por exemplo, a pretexto da ideia de implementação da paz, se expedem leis que, segundo a narrativa oficial, permitirão solucionar pontos essenciais do acordado em Havana, mas que, em última análise, beneficiam o projeto estabelecido e não tentam resolver os conflitos sociais existentes.

O tema das terras, um dos mais centrais nas discussões de Havana e um dos de maior trascendência política no último século no país[4], tem sido um dos mais afetados pelo projeto de paz neoliberal[5]. No desfecho do governo

---

3 Consejo de Seguridad, *Misión de verificación de las Naciones Unidas en Colombia: informe del secretario general*, ONU, 20 jul. 2018, disponível online, acesso em 26 jul. 2018.

4 A esse respeito, escrevia Orlando Fals Borda, no ano de 1960, o seguinte: "Entre os grandes problemas que tem sofrido o país, nenhum é tão importante como o da terra. As massas camponesas da Colômbia têm suportado um intenso mal-estar devido à falta de equidade na distribuição da terra, aos abusos dos proprietários com os meeiros, à baixa produtividade e, por fim, à miséria e à ignorância, que têm servido para manter explorados e subjugados os homens do sulco e do sacho"; ver "La reforma agraria", em *Campesinos de los Andes y otros escritos antológicos* (Bogotá, Universidad Nacional de Colombia, 2017), p. 321-35.

5 O primeiro ponto do Acordo de Paz, intitulado "Hacia un nuevo campo colombiano: reforma rural integral", visa à erradicação da

do presidente Juan Manuel Santos, não resta apenas a insipidez da nulidade de implementação de uma reforma rural integral, mas, em lugar desta, deparamo-nos com a absoluta tergiversação do que significa fazer uma reforma rural e terminamos imersos em projetos de implementação em prol dos interesses de grandes empresas transnacionais. Um claro exemplo é o arranque de uma política pública que acabará por favorecer a agroindústria: as denominadas *Zidres*, isto é, as zonas de interesse de desenvolvimento rural, econômico e social.

Ao longo de quatro anos, as Zidres têm colecionado diversos debates e lutas jurídicas (pedidos de inconstitucionalidade)[6], com o argumento de atentarem contra o campesinato e fomentarem a acumulação de terras comunais nas mãos de grandes empresas (e, obviamente, do grande capital transnacional). Segundo o governo colombiano, essa política pública fomenta a produção e os negócios agrícolas em zonas de difícil acesso e vai de encontro aos acordos pactuados em Havana.

Um dos muitos inconvenientes desse tipo de medida é, em teoria, a necessária aliança entre o campesinato sem terra e as empresas com que devem associar-se. Sob tal aliança, os camponeses sem terra, que deveriam, ainda em teoria, ser os primeiros beneficiados, não

---

pobreza rural extrema e à diminuição da pobreza no campo, assim como à promoção da igualdade, ao fim do fosso entre o campo e a cidade e ao desenvolvimento da agricultura camponesa, familiar e comunitária. Ver Gobierno Nacional de Colombia e Fuerzas Armadas Revolucionarias de Colombia–Ejército del Pueblo, *Acuerdo final para la terminación del conflicto y la construcción de una paz estable y duradera*, Havana, 24 nov. 2016, disponível online.

6 Em 2 de maio de 2018, a Corte Constitucional determinou que a política pública nas zonas *Zidres* não viola o princípio da progressividade dos direitos sociais dos camponeses, na medida em que se inscreve no propósito de melhorar as condições de vida dessa população.

serão ouvidos nem na criação nem na execução de projetos, mas sim as empresas que utilizariam as unidades agrícolas tituladas aos camponeses para a produção de alimentos (obviamente, sujeita à lógica neoliberal da agroindústria).

Esse fato, tão grave em si mesmo e com a escusa de fortalecer a "confiança de investimento" e o "desenvolvimento rural"[7], evidencia uma das novas formas de articulação da dominação colonial no século XXI com a lógica do desenvolvimento agropecuário, da produtividade e da segurança jurídica. Nessa nova forma de dominação colonial, o desenvolvimento agropecuário impõe-se sobre os usos e costumes camponeses, dando oportunidade não apenas à implementação forçada de sementes transgênicas mas também à imposição de monoculturas em detrimento da segurança alimentar e ao menosprezo pelo conhecimento tradicional[8].

O tema das terras, contudo, não é a única dúvida quanto à implementação do Acordo. Números oficiais, bem como não oficiais, mostram dados de menos de 30% de implementação, passados quase dois anos de pactuado o Acordo Final. A substituição de cultivos ilícitos, a participação política e o capítulo de vítimas são também temas aos quais não se tem prestado atenção e sobre os

---

7 A Cámara de Comercio Colombo Americana (Amcham) manifestou interesse de gerar investimento no campo colombiano. Numa de suas assembleias gerais de 2017, foi discutida a importância de criar um comitê especializado em agroindústria, o qual se somaria a outros treze que já existiam nessa organização.

8 Um exemplo claro disso é a denúncia que diferentes comunidades rurais do país fazem a respeito da mudança lenta e silenciosa dos alimentos cultivados, devido às políticas locais por parte das diferentes administrações, bem como a pressão dos fatores econômicos que representam que certas culturas tenham maior rentabilidade na depreciação da diversidade de produção. Essa é, afinal, a imposição de monoculturas subsidiadas pelo Estado.

quais pesam grandes dificuldades com o governo que se inicia do presidente eleito Iván Duque, pois são os pontos centrais em que o presidente eleito propõe realizar "modificações estruturais" – ou, em outras palavras, esfrangalhar o acordado.

Tendo isso em conta, é dever das forças de esquerda chegar ao Congresso do período 2018-2022 com a firme intenção de defender a paz democrática e sua implementação real, evitando assim enviar uma mensagem por duas vias: 1) uma mensagem dirigida à mesa de negociações com o Exército de Libertação Nacional (ELN), que permita que essa guerrilha possa confiar numa saída negociada para o conflito; 2) uma mensagem positiva para os milhares de ex-guerrilheiros, hoje em processo de reinserção, para que não desistam da ideia de que a luta armada não é o caminho, de forma a evitar a reincidência e o rearmamento das dissidências.

*O imperialismo norte-americano.* Em agosto de 2018, distintos anúncios convidam-nos a pensar ainda mais na pegada imperialista e na sua influência na situação atual da Colômbia. Nos últimos meses, chamam a atenção os seguintes fatos: 1) o anúncio por parte do governo colombiano sobre a sua entrada na Organização do Tratado do Atlântico Norte (Otan); 2) o relatório mais recente sobre as declarações irresponsáveis de Trump sugerindo uma possível intervenção militar na Venezuela[9]; 3) as afirmações do deputado da Assembleia Nacional Constituinte venezuelana Pedro Carreño[10].

---

9 Ver, entre outras, a reportagem de Julian Borger, "Trump Repeatedly Suggested Venezuela Invasion, Stunning Top Aides", *The Guardian*, 5 jul. 2018, disponível online, acesso em 11 jul. 2018.

10 Ver "Exmilitar venezolano insiste en ataque a Colombia si EE.UU. invade a Venezuela", *El Espectador*, 11 jul. 2018, disponível online, acesso em 11 jul. 2018.

Esses fatos não devem ser lidos isoladamente, pois em conjunto permitem a visualização de um terrível panorama para a região.

A direita vencedora das eleições presidenciais e que governará entre 2018 e 2022 jogará um papel muito importante a favor dos interesses imperiais. O presidente eleito Iván Duque usou a demonização da situação venezuelana a seu favor, para "não converter o país numa segunda Venezuela"; postas assim as coisas, é óbvio que usará as declarações do deputado da Assembleia Nacional Constituinte venezuelana para apoiar e participar em qualquer estratégia a favor dos propósitos imperiais no continente.

## As forças de esquerda e o contexto pós-eleitoral

As eleições legislativas de 11 de março de 2018 deixaram na Colômbia duas mensagens claras: a primeira de que as máquinas eleitorais dos partidos tradicionais (de direita ou de centro-direita) ainda se mantêm vivas; a segunda de que também cresce (com certo ar de esperança, perante o iminente triunfo da direita) um apoio cidadão às alternativas de mudança ou de esquerda moderada.

Quanto ao primeiro ponto, salta à vista a vitória na contenda eleitoral de um setor da direita que assegurou que o Acordo de Havana sofra certas modificações para poder ser implementado. O Centro Democrático (partido do ex-presidente Uribe e do presidente eleito Iván Duque, abertamente oposto à paz com as Farc[11]) passou de 39 mandatos no Congresso de 2014 a um total de 51 mandatos em 2018, firmando-se, assim, como a maior força política do país.

---

11 Entre outras coisas, foi um dos movimentos políticos que promoveu o "Não" ao Acordo de Paz no plebiscito de 2016.

Outro vencedor dessa contenda política foi o partido Cambio Radical (embora seja o partido do ex-vice-presidente e do candidato à presidência Germán Vargas Lleras, também fez fortes reparos ao processo de paz[12]), que, embora ocupe o terceiro lugar em número de mandatos, foi um dos partidos que mais cresceu, apesar dos múltiplos escândalos de corrupção associados a vários de seus dirigentes e governadores. Esse partido passou de 25 mandatos no Congresso em 2014 para 46 em 2018.

Os velhos partidos (Liberal e Conservador), que no passado intercalavam-se no poder, veem seus números parcialmente reduzidos. O Partido Conservador, que, como o nome sugere, representa uma boa parte da direita colombiana, passou de 45 mandatos em 2014 para 35 no Congresso de 2018. Do outro lado, o Partido Liberal (que se autodefine de centro-esquerda, mas que, como anteriormente explicado, o centro tende a ser centro-direita, mesmo quando afirma ser de centro-esquerda[13]) passou de 56 mandatos em 2014 para 49 em 2018.

O segundo aspecto que se destaca das eleições parlamentares é o crescente apoio cidadão às alternativas de mudança ou de esquerda. Embora o Polo Democrático Alternativo (partido de esquerda fundado em 2005) tenha passado de oito mandatos em 2014 para apenas sete em 2018, novas forças de esquerda entraram no mapa político eleitoral e saíram vitoriosas (de uma perspectiva otimista). É o caso, por exemplo, da denominada "Lista

---

12 O partido não só evitou que terceiros financiadores do conflito armado fossem chamados por parte da Justiça Transicional mas também promoveu modificações aos artigos que previam a prestação de contas por parte dos militares no tribunal especial criado através do Acordo de Paz.

13 Mas que ainda assim encontra-se muito fragmentado, pois tem entre seus dirigentes tanto políticos afinados com a direita como políticos identificados com a esquerda moderada.

de la Decencia", ou Decentes, como formalmente ficou conhecido o agrupamento que conglomerou uma parte dos partidos e dos movimentos de esquerda moderada[14] e que obteve cinco mandatos no Congresso, um número nada insignificante se comparado, por exemplo, com os resultados obtidos pelo Polo Democrático Alternativo. Por sua parte, o Partido Alianza Verde, outro dos partidos de esquerda moderada e que, passivamente, se opõe ao modelo de desenvolvimento atual[15], surpreendeu com seus resultados, ao aumentar de onze mandatos em 2014 para dezoito em 2018.

As eleições de 11 de março também decidiam quem seria o candidato presidencial tanto da direita como de um setor da esquerda. Pela direita saiu vencedor Iván Duque, que obteve 4.032.736 votos de um total de 5.954.118 votos. Pela esquerda, Gustavo Petro saiu vencedor, com 2.848.868 votos de um total de 3.363.673.

Perante esses resultados, o panorama político da esquerda, frente às eleições presidenciais de 2018, apresentou-se da seguinte maneira: Gustavo Petro[16], liderando uma proposta antissistema; Sergio Fajardo[17], um

---

14 Coligação política de esquerda integrada pela Unión Patriótica, pelo Movimiento Alternativo Indígena e Social, pela Alianza Social Independiente e pelo Movimiento Colombia Humana.

15 Dentro de seu programa político, encontra-se a construção da paz, a realização dos direitos humanos, a justiça, a inclusão e a democracia. Consultar o "Programa político" no site do Alianza Verde, disponível online, acesso em 12 jul. 2018.

16 Candidato presidencial pelo Movimento Colombia Humana, o qual agrupou todos os partidos e movimentos da coligação Decentes e a certos setores dissidentes de outros partidos políticos (gente do Polo Democrático, do Partido Alianza Verde e do Partido Liberal).

17 Candidato presidencial pela Coalición Colombia, que reuniu o Alianza Verde, o Polo Democrático Alternativo e o movimento Compromiso Ciudadano.

candidato de centro que alguns consideram de centro-esquerda[18]; Clara López, como fórmula vice-presidencial de Humberto de la Calle Lombana, candidato do oficialista Partido Liberal; Piedad Córdoba, a candidata que trata de parecer próxima dos movimentos sociais mas abandonou a contenda eleitoral por motivos pessoais; e, por último, as Farc, com a candidatura de Rodrigo Londoño "Timochenko", que viram frustrada sua aspiração eleitoral devido a fortes complicações no estado de saúde de seu candidato e à evidente rejeição social face à candidatura, o que, do ponto de vista político, significou a prematura morte política do recém-fundado partido das Farc. Pelo sistema, ficaram na contenda dois candidatos: Germán Vargas Lleras[19] e Iván Duque[20].

Depois dos resultados no Congresso e configurado o panorama político face às eleições presidenciais em maio, um grupo tanto de cidadãos como de líderes políticos tentou promover a unidade entre os distintos sectores da esquerda. Com os *slogans "Unimo-nos ou afundamo--nos"* e *"O país primeiro"*, tentou-se demonstrar a necessidade de uma aliança entre Gustavo Petro, Sergio Fajardo e Humberto de la Calle.[21]

Essa aliança jamais se viu materializada. Em primeiro lugar, tanto Fajardo como De la Calle tentaram

---

18 Pese a que também, para muitos, Fajardo é o candidato de direita que tenta manter o *status quo* a partir de uma política neoliberal financeira.

19 O vice-presidente acabou por ser Juan Carlos Pinzón, que abandonou suas aspirações à presidência.

20 O vice-presidente acabou por ser Martha Lucía Ramírez, candidata do pastranismo e que ocupou o segundo lugar na consulta interna da direita.

21 Pese a que, desde finais de 2017, na fase de pré-candidaturas, Gustavo Petro tentou tornar realidade uma unidade entre as esquerdas, fazendo um apelo à constituição de uma grande coligação.

afastar-se de Petro e da sua *"má imagem"*. Para a opinião pública, graças à evidente perseguição política de que foi vítima durante a sua passagem pela prefeitura de Bogotá[22] e à propaganda negra de que foi vítima por parte dos meios de comunicação, ficou no imaginário que Petro havia destruído Bogotá e tinha sido um péssimo administrador. A isso, somou-se o fato de Petro durante o seu passado ter militado na extinta guerrilha M-19 e ter celebrado algumas das políticas do defunto Hugo Chávez, fato que se via como de extrema esquerda e que, por isso, jogava negativamente no cálculo político[23].

Em segundo lugar, uma alternativa para Fajardo e De la Calle, ao não contemplar a aliança com Petro, era materializar uma aliança entre eles. Apesar das tentativas para que essa aliança saísse à luz, o Partido Liberal, sob o comando do ex-presidente César Gaviria, bloqueou qualquer possibilidade de aliança ou coligação.

*Por fim, as forças de esquerda chegaram fragmentadas às eleições presidenciais em maio, deixando em evidência a urgência de uma aliança no futuro.* Os resultados do primeiro turno presidencial deixaram em primeiro lugar Iván Duque, com 7.569.693 votos (39,14%), e, em segundo lugar, Gustavo Petro, com 4.851.254 votos (25,08%). O terceiro lugar foi ocupado por Sergio Fajardo, com 4.589.696 votos (23,73%), seguido por Germán Vargas

---

22 A qual, além disso, está provada devido ao fato de a justiça o ter absolvido de todos os processos disciplinares e fiscais que foram abertos contra ele e ter anulado as decisões judiciais emitidas contra ele.

23 Por sua vez, um setor da Coalición Colombia, especificamente do Polo Democrático e encabeçado pelo senador Jorge Enrique Robledo, descartou qualquer tipo de aliança com Petro argumentando que "só Fajardo poderia vencer o uribismo no segundo turno" e admitiu profundas diferenças pessoais com o candidato, que também fora membro do Polo Democrático.

Lleras, com 1.407.840 votos (7,28%), e Humberto de la Calle, com 399.180 votos (2,06%)[24]. Considerando que nenhum dos candidatos logrou obter o número de votos necessário para ganhar as eleições no primeiro turno, os dois candidatos mais votados foram para o segundo turno, para o qual era vital uma união das esquerdas que fizesse frente ao candidato institucional de direita, que era contra o Acordo de Paz.

Face ao exposto até aqui e considerando a conformação do Congresso, no qual predominam os partidos de direita, a esquerda continua fragmentada. Tanto Fajardo (e uma parte do Polo Democrático) como De la Calle optaram por não tomar partido e promover o voto em branco, qualificando ambos os candidatos do segundo turno como extremistas e ignorando, assim, o clamor cidadão pela materialização de uma opção de mudança no país. Ainda assim, Petro logrou capturar boa parte do eleitorado que pedia uma mudança real na política nacional, conseguindo uma aliança de último minuto com o Partido Verde e a candidata vice-presidencial de Fajardo, Claudia López. Do outro lado, a direita, que muitas vezes se viu confrontada e "dividida", pôde perfeitamente aliar-se e somar-se à candidatura de Duque[25]. Tristemente, o segundo turno das eleições presidenciais foi vencido por Iván Duque, com um total de 10.373.080 votos (53,98%) frente aos 8.034.189 votos (41,81%) que obteve Gustavo Petro[26].

Embora o candidato do Centro Democrático tenha vencido em 24 dos 32 departamentos do país, o mapa

---

24 Dados tomados da Registraduría Nacional del Estado Civil, disponíveis online, acesso em 12 jul. 2018.

25 No segundo turno, todos os partidos de direita ou de centro-direita manifestaram apoio a Duque.

26 Dados da Registraduría Nacional del Estado Civil, disponíveis online, acesso em 12 jul. 2018.

dos resultados eleitorais deve ser analisado para compreender e entender a oportunidade que a Colômbia tem hoje para formular projetos alternativos de luta política que logrem a articulação ou a unidade entre as diferentes forças de esquerda.

A proposta de Petro, tendo em conta a análise aqui feita, ganhou nos departamentos de Atlántico, Sucre, Chocó, Valle del Cauca, Cauca, Nariño, Putumayo e Vaupés. E disputou muito acirradamente, com máximo de 5% de diferença, os departamentos de Córdoba, Bolívar, Magdalena, La Guajira e Amazonas[27]. Esses departamentos constituem boa parte da periferia mais esquecida pelo Estado e onde sua presença não é efetiva. Os dados do Departamento Administrativo Nacional de Estatística da Colômbia (Dane) mostram Chocó, Cauca, Córdoba e Magdalena como os quatro departamentos mais pobres do país. Por sua vez, Chocó e Cauca contam com um número considerável de vítimas do conflito armado (467.493 em Chocó e 479.942 em Cauca)[28].

É importante mencionar aqui que os departamentos onde Petro ganhou coincidem com os departamentos em que o Sim ao Acordo de Paz no plebiscito de 2016 obteve um apoio amplo[29]:

---

27 Os resultados foram os seguintes: Córdoba: 50,16% (Duque) *versus* 48,34% (Petro); Bolívar: 51,18% (Duque) *versus* 46,92% (Petro); Magdalena: 51,83% (Duque) *versus* 46,20% (Petro); La Guajira: 49,89% (Duque) *versus* 48,45% (Petro); Amazonas: 50,42% (Duque) *versus* 47,19% (Petro).

28 Ver "Los resultados del plebiscito", *Fundación Paz & Reconciliación*, 6 out. 2016, disponível online, acesso em 12 jul. 2018.

29 Tabela elaborada com dados da Registraduría Nacional del Estado Civil sobre os departamentos com maior apoio ao Sim, disponíveis online, acesso em 12 jul. 2018.

| ***Departamento*** | ***Apoio ao SIM*** |
|---|---|
| Chocó | 79,76% |
| Vaupés | 78,05% |
| Cauca | 67,39% |
| Putumayo | 65,50% |
| Nariño | 64,81% |
| Sucre | 61,88% |
| Atlántico | 60,53% |
| Valle del Cauca | 52,44% |

*A falta de entendimento e compreensão por parte das distintas forças de esquerda do empoderamento e mal-estar cidadão.* Os resultados eleitorais de 2018, além de demonstrarem a urgência com que as distintas forças de esquerda devem se unir para lutar contra o projeto institucional neoliberal, também revelaram como a esquerda colombiana não foi capaz de compreender o panorama atual que atravessa o país e que clama, de distintos setores, uma mudança na lógica de governo.

Com a assinatura do Acordo de Paz, múltiplos processos de empoderamento e liderança social popular cobram maior vigor na materialização do direito à paz. Hoje, mais que nunca, observamos como distintos setores sociais e populares articulam sua luta para resistir ao fascismo social em suas diferentes formas e apresentar como alternativa uma ideia diferente da oferecida pelo atual sistema político colombiano. As organizações sociais de vítimas exigem hoje com muito mais vigor uma mudança e uma inclusão que, além disso, lhes permita conhecer a verdade e saber por que tiveram de padecer as piores consequências da guerra. Um exemplo disso, entre muitos, é a liderança levada a cabo tanto pelas mulheres de Montes de María como pelas Madres de Soacha[30], que clamam um futuro com mais opções de participação política e também um futuro com mais justiça social, um futuro em que a democracia esteja democratizada.

Por seu lado, os movimentos indígena, afrodescendente e camponês tentam cada vez mais alcançar uma articulação que resista ao embate das novas formas de colonialismo e que logre reforçar progressivamente sua luta para poder resistir aos instintos mais agressivos do neoliberalismo e do capital financeiro. Por exemplo, no Norte del Cauca, indígenas, afrodescendentes e camponeses hoje trabalham articuladamente para poder conceber uma nova ideia de território coletivo, que acolha a diversidade e que possa traduzir-se interculturalmente, a fim de alcançar uma proteção legal que trave a usurpação de terras por parte dos engenhos açucareiros, mas que também confronte a monocultura, a mineração ilegal e os diversos agentes armados que surgiram com a desmobilização das Farc.

No Pacífico, por sua vez, os afrodescendentes em Buenaventura foram protagonistas de uma das maiores greves cívicas da história, resistindo ao esquecimento de um governo que enxerga a região apenas como uma oportunidade de construir megaprojetos portuários, sem se importar com investimentos sociais. Para o governo, é preferível investir milhões de pesos nas diversas sociedades portuárias (compostas de capital público e privado) do que na reativação de um hospital, na construção de novos colégios ou na garantia do serviço do aqueduto 24 horas por dia.

Por outro lado, camponeses em Cajamarca articularam sua luta não só para defender o território mas

---

30 Sobreviventes da violência paramilitar e da violência estatal, respectivamente.

também para proteger as fontes hídricas e, no mesmo movimento, expulsar a multinacional AngloGold Ashanti da região. Assim, por meio de uma consulta popular, e valendo-se da democracia, conseguiram que o município dissesse um NÃO rotundo à megamineração.

Finalmente, esses processos de empoderamento e liderança social e popular também acarretaram um custo desnecessário para os que acreditam neles. A violência contra os protagonistas da resistência não cessa; pelo contrário, aumenta de uma maneira incrível. Segundo números da Defensoría del Pueblo[31], entre 2016 e 25 de julho de 2018, foram assassinados 329 líderes em toda a Colômbia[32]. Essa tragédia vivida atualmente goza de pouca atenção por parte do Estado, que em muitas oportunidades tem negado o assassinato sistemático de líderes e lideranças e o tem relacionado com outras questões, como problemas passionais ou desentendimentos pessoais. Perante essa crise social, torna-se clara a necessidade de uma resposta política[33].

Essas questões políticas foram praticamente ignoradas pelas diferentes forças de esquerda na contenda eleitoral, que não conseguiram entender o mal-estar dos cidadãos nas regiões (daí a incapacidade em criar um laço

---

31 Instituição criada com a Constituição de 1991 para zelar pela promoção, pelo exercício e pela divulgação dos direitos humanos.

32 Ver o relatório "Homicidios de líderes sociales y defensores de DDHH", disponível online no site da Defensoría del Pueblo, acesso em 25 jul. 2018.

33 Chama muito a atenção como um setor dos paramilitares denominado Autodefensas Gaitanistas de Colombia emitiu um comunicado em 12 de julho de 2018 repudiando veementemente os assassinatos de líderes sociais, ao passo que o presidente eleito Iván Duque apenas lhes dedicou menos de 250 palavras em sua conta na rede social Twitter. Esse fato demonstra por si a complexidade do caso colombiano.

capaz de responder ao dito mal-estar) nem souberam colocar no panorama político próprio dos debates presidenciais esses temas tão importantes e tão centrais para os mais excluídos do país.

Se quer realmente chegar e recolher todo o clamor popular de mudança, que muitas vezes é capturado pela direita por meio de enganos e outras estratégias já bem conhecidas, a esquerda deve pensar numa nova forma de fazer política que não parta da capital do país, Bogotá. A esquerda deve ir para o interior, compreender as necessidades de seus habitantes, fazendo política com o povo e não para o povo. Por último, a esquerda deve ter (ou procurar ter) um pé no espectro político e três nos movimentos sociais. Talvez, e apenas talvez, com essa forma distinta de fazer política a esquerda na Colômbia consiga por fim um entendimento e uma aliança que lhe permitam, parafraseando o sacerdote Camilo Torres, insistir em tudo o que os une e prescindir de tudo o que os separa. Concluo com as palavras de um grande líder indígena de quem tenho o privilégio de ser amigo, Feliciano Valencia, da comunidade Nasa, do Norte del Cauca:

> Já basta! Assim como se globalizam os ricos, que se unem para extrair o que nós cuidamos, temos de globalizar a resistência civil e cultural para proteger os territórios, porque seja no Chile, seja no Canadá, os que usurpam o território são os mesmos, com as mesmas estratégias e [com os mesmos] os métodos que vêm utilizando. Então, temos de unir-nos a nível continental para fazer esse exercício de resistência.[34]

[34] Fala extraída do documentário *Nos están matando* (2018), dirigido por Emily Wright e Tom Laffay e produzido por Daniel Bustos Echeverry. Disponível online, acesso em 5 jun. 2019.

# Capítulo 6

## México: a fratura entre a institucionalidade e a extrainstitucionalidade

Se há país em que a democracia liberal está desacreditada, esse país é o México. Há muitos outros em que a democracia é de baixíssima intensidade ou mesmo uma fachada, mas em que isso é amplamente reconhecido. Entretanto, talvez pela história revolucionária e pelo fato de durante décadas ter sido governado por um só partido, o Partido Revolucionario Institucional (PRI) – entre 2000 e 2012, o país foi governado pelo Partido Acción Nacional (PAN), de direita –, o México é um caso bem específico a esse respeito. Combina um exuberante drama democrático, sobretudo em períodos eleitorais, com o reconhecimento público e notório de irregularidades, restrições e exclusões que o distanciam do país real. As críticas às práticas democráticas vigentes são talvez a forma mais genuína de vivência democrática no México. O drama mais democrático é o da falta de democracia. As recorrentes fraudes eleitorais, a altíssima criminalidade violenta contra cidadãos inocentes por parte do crime organizado associado a setores do Estado, o sistema eleitoral excludente, a farsa da soberania nacional em face do servilismo em relação aos Estados Unidos, o abandono a que estão relegados os povos indígenas e a repressão militar a que estão sujeitos sempre que resistem, tudo isso revela uma democracia de baixíssima intensidade. Ainda assim, as instituições constitucionais funcionam com a normalidade própria de um Estado de exceção normalizado.

Nesse quadro, e para me limitar ao tema que aqui interessa – o da articulação ou da unidade entre forças de esquerda –, a primeira questão é saber se há várias forças de esquerda no México. Faz parte do drama democrático do país que essa questão seja altamente controversa. Sabe-se que há várias forças de direita com diversos candidatos presidenciais de direita. Sabe-se também que, tal como acontece noutros países, as forças de direita têm sido capazes de se unir sempre que se sentem ameaçadas por forças que consideram ser de esquerda. Onde estão as forças de esquerda?

Há que se fazer uma primeira distinção – que, aliás, só alguns aceitam – entre a esquerda institucional e a esquerda extrainstitucional. A esquerda institucional são os partidos. Mas há partidos de esquerda no México? O único partido com presença nacional que se pode considerar de esquerda é o partido Movimiento Regeneración Nacional (Morena), liderado por Andrés Manuel López Obrador (conhecido por AMLO), várias vezes candidato à presidência da República e que nas eleições de 2012, tal como nas de 2006, provavelmente foi vítima de fraude eleitoral.

Dando alguma credibilidade ao dito que se ouve frequentemente de que o México está muito longe de Deus e muito próximo dos Estados Unidos, convém saber o que pensa o império a esse respeito. E o império não tem dúvidas de que AMLO é o perigoso demagogo de esquerda, líder de um partido socialista que se recusa a ver os enormes benefícios que o neoliberalismo gerou para o país depois do Tratado de Livre Comércio. Um dos principais porta-vozes do império, o *The Wall Street Journal*, não tem dúvidas a respeito e, na edição de 7 de janeiro de

2018, considerou pouco convincente a posição política mais moderada que AMLO tem defendido, salientando, sobretudo, a luta contra a corrupção. Considera chocante que AMLO tenha proposto em dezembro de 2017 a anistia ao crime organizado e conclui duvidando de que os eleitores mexicanos acreditem na recente moderação desse "demagogo *leftist*"[1].

Concorde-se ou não com o diagnóstico do império, a verdade é que o império teme a eleição de AMLO. Como o império não faz esse diagnóstico preocupado com o bem-estar dos mexicanos, mas antes preocupado com a proteção de seus interesses, e como considero que esses interesses são contrários aos da grande maioria dos mexicanos, isso é suficiente para assumir que AMLO representa uma força de esquerda. Para o argumento que defendo, é importante saber, sobretudo, se ele poderá levar a cabo um programa de esquerda no caso de ser eleito. Tenho defendido que só uma ampla unidade entre forças de esquerda pode garantir tal objetivo. Essa posição tem sido defendida no México, mesmo reconhecendo que, tal como acontece noutros países, as forças de esquerda têm tido uma forte tendência a polarizar suas divergências, as quais muitas vezes expressam mais choques de personalidades que choques programáticos. Infelizmente, não parece estar no horizonte de AMLO realizar articulações com outras forças de esquerda eventualmente existentes. Pelo contrário, o que se prefigura é, entre outras, uma coligação com um partido conservador, o Partido Encuentro Social (PES), partido com forte componente evangélico, militantemente oposto à diversidade sexual, à proteção de minorias sexuais e à descriminalização do aborto. Algumas feministas têm-se insurgido contra a

---

1 Mary Anastasia O'Grady, "The Reinvention of Mexico's López Obrador", *The Wall Street Journal*, 7 jan. 2018, disponível online, acesso em 5 jun. 2019.

ideia de que os fins justificam os meios e que o importante é ganhar as eleições. Aceitam articulações, mas não a cedência em princípios e conquistas sociais resultantes de duras lutas.

Parece, pois, concluir-se que não se afigura possível, ao menos agora, uma articulação entre forças de esquerda institucionais no México. Mas, como disse antes, uma das características mais específicas do drama democrático mexicano é ele não se entender sem a distinção entre esquerda institucional e esquerda extrainstitucional. Pelo menos desde 1994, a esquerda institucional mexicana vive assombrada pelo espectro da emergência de uma esquerda insubmissa e insurrecional, uma esquerda que se coloca fora do sistema das instituições democráticas precisamente por não as considerar democráticas. Refiro-me ao movimento zapatista do Ejército Zapatista de Liberación Nacional (EZLN) e a seu levantamento em armas em janeiro daquele ano. O levantamento que foi armado num breve período inicial de doze dias logo se transformou num vibrante movimento com forte implantação no sul do México, que progressivamente conquistou aderentes em todo o território mexicano e em diferentes países. Com grande criatividade discursiva, em que brilhou o subcomandante Marcos, e com múltiplas iniciativas que deram visibilidade crescente ao movimento, os zapatistas têm defendido uma alternativa anticapitalista, anticolonialista e antipatriarcal, assente na auto-organização dos grupos sociais oprimidos, uma organização construída de baixo para cima e governada democraticamente segundo o princípio de "mandar obedecendo" dos povos indígenas das montanhas de Chiapas. Ao longo dos anos, os zapatistas assumiram consistentemente esses princípios e surpreenderam o México e o mundo com novas formas de organização comunitária, ancoradas em princípios ancestrais, com iniciativas transformadoras de governo, economia, formação e educação. Nesse processo, as mulheres assumiram um protagonismo crescente.

À medida que conquistou adeptos, a postura extrainstitucional dos zapatistas começou a ser vista pela esquerda institucional como ameaça. Sua recusa em apoiar candidatos ou partidos de esquerda nos processos eleitorais foi considerada pela esquerda como uma postura que favorecia a direita. Ao longo dos anos, as relações dos zapatistas com as instituições do Estado mexicano foram complexas e nem sempre de confronto. Pouco tempo depois de terem abandonado as armas, os zapatistas entraram em negociações com o governo com o objetivo de ver reconhecidas as reivindicações dos povos indígenas. Em fevereiro de 1996, foram assinados os acordos que ficaram conhecidos por Acuerdos de San Andrés, por terem sido assinados no povoado San Andrés Larráinzar em Chiapas. Tais acordos nunca foram cumpridos, e isso passou a constituir para os zapatistas mais uma demonstração da falta de credibilidade das instituições ditas democráticas.

Em tempos recentes, uma nova iniciativa dos zapatistas voltou a surpreender os mexicanos: a decisão de apresentar uma mulher indígena como candidata independente às próximas eleições presidenciais. Trata-se de Marichuy, que fundou e dirige a Calli Tecolhuacateca Tochan, “Casa de los Antepasados”, em Tuxpan, Jalisco. Em 2001, foi uma das mulheres indígenas que, juntamente com a comandante Esther, do EZLN, tomou a palavra no Congresso mexicano. Por iniciativa dos zapatistas e do Congreso Nacional Indígena, a proposta foi feita pelo Concejo Indígena de Gobierno (CIG). Em 15 de outubro de 2017, Marichuy anunciava oficialmente sua candidatura. Significava que a esquerda zapatista abandonara a via extrainstitucional e passara a adotar a institucional? Se sim, seria a proposta dos zapatistas uma proposta de esquerda que poderia se articular ou coligar com outras forças de esquerda?

Essas perguntas faziam sentido na fase inicial da candidatura, quando começou o movimento para recolher o número de assinaturas exigido pelo Instituto Nacional Eleitoral para a apresentação de candidatos independentes. Tal movimento revelava a seriedade institucional do processo. Os zapatistas chegaram a ser acusados de se render ao "eleitoralismo" que tanto tinham criticado. A verdade é que o processo de recolher assinaturas surgiu com determinação. Era um esforço gigantesco, já que o número de assinaturas exigido era elevadíssimo, mais de 800 mil. Logo se verificou que as regras e as exigências, mesmo que feitas de boa-fé – o que foi questionado –, estavam concebidas para um México "oficial", muito diferente do México "profundo", onde a documentação e a infraestrutura técnica (de fotocopiadoras a celulares) não existem ou não são facilmente disponíveis. Desse modo, o processo de recolher assinaturas transformou-se em mais uma prova do caráter excludente e discriminatório do sistema eleitoral mexicano. Depois dos Acuerdos de San Andrés, era a segunda vez que as instituições do Estado mexicano revelavam seu caráter não confiável, excludente e discriminatório. Também se deve ter em mente que o processo de recolher assinaturas pode ser afetado por duas razões adicionais. Por um lado, as bases sociais do zapatismo e seus simpatizantes foram socializados para se distanciar totalmente dos processos eleitorais. Recolher assinaturas implica para eles alguma cedência. Por outro lado, alguns que simpatizam com a causa dos povos indígenas temem que a posição do candidato da esquerda oficial que apoiam seja fragilizada pela presença de uma candidatura indígena, que obviamente se situa à esquerda da esquerda "oficial".

No momento em que escrevo, Marichuy continua sua campanha caracterizada pela denúncia do sistema político e institucional e pela sensibilização para as causas dos "condenados da terra". Aproveitando um contexto político institucional por excelência, o eleitoral, Marichuy faz a pedagogia dos temas e dos povos que estão excluídos do drama democrático do México. Só por isso a candidatura de Marichuy não terá sido um fracasso.

De tudo, conclui-se que, por ora, pelo menos, não são possíveis amplos acordos entre as esquerdas no México. A esquerda institucional vai continuar dividida como antes, e a fratura entre a esquerda institucional e a extrainstitucional apenas se agrava.

## Atualização em agosto de 2018 (com a colaboração de Gustavo Esteva, Orlando Aragón, Jorge Alonso e German Sandoval)

Resultados da eleição presidencial de 1º de julho

Andrés Manuel López Obrador (mais conhecido pela sigla AMLO) venceu a eleição presidencial de 2018 com os seguintes resultados: AMLO com 53,19% (30.113.483 de votos), Ricardo Anaya com 22,27% (12.610.120), José Antonio Meade com 16,41% (9.289.853 votos) e Jaime Rodríguez com 5,23% (2.961.732).

AMLO obteve a votação mais alta de qualquer candidato presidencial na história do país e ganhou em quase todos os estados mexicanos, com exceção de Guanajuato, onde triunfou o PAN do candidato Ricardo Anaya.

Em relação ao Congreso de la Unión, o poder Legislativo, as duas câmaras (deputados e senadores) foram vencidas pelo partido Movimiento Regeneración Nacional (Morena) e outros que se aliaram a López Obrador. Contam, portanto, com uma maioria que lhes permitirá eventualmente legislar com uma orientação diferente da dos governos neoliberais ou reverter várias das reformas estruturais realizadas pelos últimos governos. A vitória eleitoral foi de dimensão tal que, nas eleições de governadores dos estados que coincidiram com a eleição presidencial, o Morena ganhou cinco das oito que estavam em disputa. O PRI sofreu a pior derrota de sua história.

## Vários fatos novos e não tão novos

*A violência.* O México é composto de uma sociedade em que os assassinatos e as mortes extrajudiciais não cessam de aumentar. Mas esse período eleitoral superou em muito a violência de períodos eleitorais recentes. Entre setembro de 2017 e junho de 2018, foram assassinados 48 aspirantes a cargos políticos e mais de 130 militantes de partidos políticos. Os cartéis do crime organizado procuraram marcar terreno para o próximo período presidencial.

*Sobre María de Jesús Patricio Martínez "Marichuy".* A porta-voz do Congreso Nacional Indígena (CNI) e do Ejército Zapatista de Liberación Nacional (EZLN) não conseguiu registrar-se como candidata independente – enquanto os outros dois políticos provenientes do PRI e do PAN, Jaime Rodríguez Calderón "El Bronco" e Margarita Zavala (esposa do ex-presidente Felipe Calderón, rival de AMLO em 2006), respectivamente, o conseguiram, apesar das acusações de falsificação de assinaturas e de manipulações do sistema destinado ao registro de apoio às candidaturas independentes.

Essa situação confirma a crítica feita anteriormente que o sistema do Instituto Nacional Electoral (INE) demonstra um caráter excludente e racista: as assinaturas deviam ser recolhidas por meio de um aplicativo transferível para celulares que custam três salários mínimos... Assim se reduzia à inviabilidade o México profundo.

Todavia, e ao contrário dos outros candidatos "independentes", as assinaturas recolhidas por Marichuy resultaram ser 94% válidas.

Deve também reconhecer-se que essa iniciativa causou desde o início divisões dentro do próprio CNI e que evoluiu dentro de alguma desorganização dos seguidores de Marichuy. Sua visita a Michoacán, por exemplo, foi muito problemática, e a candidata não foi recebida em Cherán, que é a principal referência na atualidade da luta indígena na região. Em Guerrero, foi questionada numa das comunidades que visitou sobre sua legitimidade para representar os povos e comunidades indígenas "por não ter cumprido os cargos comunitários que a avalizaram para ser representante dos povos indígenas". Provavelmente, um dos fatores que explicam o resultado dessa tentativa do CNI-EZLN de se reposicionar na arena política nacional foi não terem nenhum discurso de articulação face aos processos de luta indígena mais recentes (como Cherán e as comunidades e os municípios de Guerrero mobilizados pelo seu direito ao autogoverno, inclusive em seus próprios municípios vizinhos em Chiapas, entre outros) que exercem ou lutam por modelos de autonomia não anarquista, que aparentemente é a abordagem dominante dentro do zapatismo.

O certo é que, depois de não conseguir o registro, Marichuy e o EZLN foram silenciados da discussão pública: não foram matéria de debate entre o resto dos candidatos nem fizeram grandes pronunciamentos, salvo os comunicados, que passaram um tanto despercebidos. Em um deles apelavam a seus seguidores que, independentemente de votarem ou não, o importante era que se organizassem. No segundo, o subcomandante Galeano (antes Marcos) assegurava que o sistema capitalista não permitiria que AMLO ganhasse a eleição, dizendo que o sistema não estava para "Lulas".

*Intervenção do presidente Enrique Peña Nieto (EPN), do PRI, durante a eleição presidencial.* Uma das questões mais especuladas durante as campanhas foi a intervenção de EPN na eleição presidencial mediante o uso da Procuradoria para acusar de lavagem de dinheiro o principal oponente eleitoral de AMLO, Ricardo Anaya, do PAN. Obviamente, essa questão não pode demonstrar-se como tal, porque, como é natural, não há provas contundentes, mas os passos e os tempos bem medidos que se seguiram para fazer as acusações tornam difícil acreditar que se trate de uma mera casualidade. Pode indicar que o triunfo de López Obrador ocorre no contexto de uma divisão da elite mexicana e transacional pela disputa dos novos negócios derivados do processo de privatização, impulsionado por EPN.

Essa hipótese ganha força pelo apoio que AMLO recebeu de uma fração importante de homens de negócios e empresários no México, alguns deles inclusive do seu círculo mais próximo.

## Lições do processo pós-eleitoral a partir de seus resultados

Uma das primeiras questões que ficou muito clara foi que, nessa campanha, não foram derrotados apenas o PRI, o PAN e o presidente EPN, mas também os analistas políticos dos meios hegemônicos, que não foram capazes de prever o que se avizinhava. Pelo contrário, suas leituras sobre o que estava ocorrendo revelaram-se anacrônicas e distantes do México real. Por outro lado, o resultado demonstrou a eficácia de AMLO em conectar, comunicar e organizar a indignação cidadã acumulada durante décadas.

*Uma aliança tácita e silenciosa de vários movimentos de esquerda não necessariamente partidária ou institucional, mas que simpatizam com AMLO.* Embora na última eleição

AMLO tenha realizado uma série de alianças pragmáticas com diferentes forças, a magnitude de sua vitória não pode ser entendida sem considerarmos o apoio de vários movimentos sociais de esquerda que surgiram depois de 2000 e que não são necessariamente parte do Morena ou de um partido político. O mais problemático é a presença nessa articulação de forças de direita, o que comentarei no final.

Esse apoio não ocorreu num ato público nem foi representado com a assinatura de um documento. Mas sabemos que parte dos ativistas do Movimiento por la Paz con Justicia y Dignidad, do que foi o Yo Soy 132, ativistas do movimento pela busca dos 43 estudantes desaparecidos em Ayotzinapa e até mesmo municípios (especialmente Ayutla de los Libres, em Guerrero, e Oxchuc, em Chiapas), que atualmente lutam por eleger o sistema jurídico indígena e serem governados em nível municipal por ele, votaram com reservas em AMLO. Uma coisa que não devemos esquecer é que muitos desses processos de luta social mais pontuais surgiram durante o período em que, de maneira mais ampla, AMLO disputou com o PRI e o PAN a presidência da República e um modelo de país, e por isso existem articulações e vínculos entre umas e outras. Talvez se trate do apoio mais crítico que AMLO recebeu, que nem sequer foi explícito na maioria dos casos (em poucos outros sim). Mas creio que se tratou de gente das lutas sociais extrapartidárias eleitorais que está consciente de que o México já não aceitaria mais um governo do PRI ou do PAN.

Esses últimos fatos revelam que a caracterização da esquerda institucional e extrainstitucional necessita de alguma adequação. Nem tudo é ou o Morena, e/ou o EZLN, ainda que estes sejam os atores mais evidentes de cada uma delas.

*Eleição histórica e júbilo popular.* Uma coisa que não se pode menosprezar é que esta foi a primeira vez que a esquerda conquistou o poder da presidência do país pela via eleitoral. Apesar da frieza das análises, o que se viveu nas ruas da Cidade do México e de outras cidades na noite de 1º de julho depois de conhecidos os resultados foi um autêntico júbilo popular. As imagens do Zócalo da Cidade do México e o trajeto que AMLO fez até lá são impressionantes; a multidão transbordou.

*Refuncionalização da desprestigiada democracia eleitoral no México?* Este é um dos principais temores de alguns setores organizados que promovem processos e experiências fora da (e por vezes contra a) arena eleitoral: que a vitória de AMLO faça esquecer a decadência e a corrupção do sistema. A vitória institucional parece ter ganhado território na consciência coletiva; no entanto, a desigualdade social, a marginalização, a exclusão e a violência que atravessam o México podem constituir um campo fértil para a emergência de resistências sociais capazes de constituir uma esquerda extrainstitucional de maior alcance político.

*Recomposição da esquerda institucional.* Um assunto que não é de se menosprezar é a recomposição das forças institucionais da esquerda. O Partido de la Revolución Democrática (PRD), que tinha sido considerado o tradicional da esquerda, depois de sua aliança com a direita na última eleição presidencial ficou à beira da extinção. Recebeu menos de 3% da votação, pelo que será previsível que alguns de seus seguidores acabem migrando para o Morena.

## Notas para pensar a possibilidade de desenvolver um programa de esquerda baseado em alianças entre a esquerda institucional e a esquerda extrainstitucional

*Desencontro entre o CNI-EZLN e AMLO depois do triunfo na eleição.* Se aceitarmos que o Morena constitui a representação mais importante da esquerda institucional e que o

EZLN é a representação mais importante da esquerda extrainstitucional, são muito importantes os comunicados posteriores ao triunfo eleitoral de AMLO assinados pelo subcomandante Galeano e, depois, pelo subcomandante Moisés. No primeiro, o EZLN desmarca-se do triunfo de AMLO e desqualifica-o, dizendo que nada mudará e que os mexicanos serão defraudados. Em sua prosa característica, sentencia que "talvez mude o capataz, mas não os agricultores". Perante esse comunicado, nem AMLO nem o Morena deram resposta alguma. O que foi adiantado pela pessoa que se encarregará da política aos povos indígenas, um advogado indígena de Oaxaca, é que AMLO cumprirá os Acuerdos de San Andrés.

*Mediadores da esquerda extrainstitucional entre o EZLN e AMLO.* Devido ao pronunciamento do subcomandante Galeano, uma reconhecida figura da esquerda extrainstitucional mexicana, o padre Alejandro Solalinde (importante defensor dos direitos humanos dos migrantes centro-americanos no México), tentou criar uma aproximação entre o EZLN e AMLO, falando inclusive de um grupo de zapatistas que lhe havia expressado vontade de ter um encontro e uma aproximação a AMLO. Perante tal apelo e tentativa de aproximação entre ambos os grupos, recebeu críticas duríssimas dos seguidores do EZLN e um forte comunicado do subcomandante Moisés, em que ratificam sua posição frente à vitória de AMLO. Esse novo comunicado continua a provocar muita polêmica e ressentimento entre os militantes do Morena, que começaram a desqualificar o EZLN, ao passo que os seguidores do EZLN desqualificam López Obrador e também Solalinde. Talvez mais importante seja sublinhar que a esquerda extrainstitucional não zapatista também se pronunciou a esse respeito. Por exemplo, Omar García, um dos estudantes e porta-voz dos 43 estudantes desaparecidos de Ayotzinapa, censurou a posição sectária do EZLN e sua indolência face à vontade dos 30 milhões de "peões" que votaram em AMLO.

*O EZLN e a representação dos povos indígenas do México.* Uma das questões mais importantes que se pode prever para o próximo período presidencial é saber até que ponto o EZLN representa a voz dos povos indígenas. Tudo parece indicar que o diálogo entre AMLO e o EZLN é impossível. Mas quiçá isso se torne menos relevante se tivermos em conta que nos últimos oito anos têm surgido novos processos de luta pela autonomia indígena de inclinação não necessariamente zapatista. Por exemplo, deve-se ressaltar o caso de Cherán, que desde 2011 até hoje realiza com êxito um modelo de autonomia baseado numa relação de coordenação e não de ruptura com o Estado. Esse modelo tem se expandido de forma desigual, mas sustentada em comunidades de Michoacán, na Cidade do México, e em vários municípios de Morelos, de Guerrero e de Chiapas. Apenas como exemplo, atualmente existem três municípios chiapanecos – Oxchuc, Sitalá e Chilón – que juntos agrupam cerca de oitocentas comunidades em vias de serem convertidas em municípios com governos indígenas comunitários e fora do regime dos partidos políticos.

A aproximação, embora muito desigual, da pessoa encarregada por AMLO para os assuntos dos povos indígenas no governo com tais experiências municipais torna possível um diálogo com o novo governo. De fato, no âmbito do II Encuentro Nacional por la Libre Determinación de los Pueblos Indígenas, celebrado no dia 28 de agosto em Oxchuc e convocado por municípios que exercem ou desejam o autogoverno indígena, como Cherán (Michoacán), Ayutla de los Libres e Tecoanapa (Guerrero), Oxchuc, Sitalá e Chilón (Chiapas), comprometeu-se novamente, perante milhares de tseltales, a cumprir os Acuerdos de San Andrés e promover várias reformas constitucionais a favor dos povos indígenas, incluindo a do artigo 115 da Constituição, que permitiria o reconhecimento do município indígena, dos governos comunais nesse nível de governo e o estabelecimento do quarto nível de governo para o espaço da comunidade.

## A possibilidade de um programa de esquerda a partir do governo

Se tivermos em conta que a esquerda extrainstitucional não é apenas o EZLN, apesar de sua maior visibilidade, podemos pensar que o governo de AMLO terá atores sociais fora da esquerda institucional com os quais possa levar a cabo seu programa de governo. Outro caso que se destaca e que torna previsíveis esses interlocutores para o governo de AMLO é a agenda que está promovendo a pessoa que se encarregará da secretaria do governo. A ex-ministra da Suprema Corte que se encarregará dessa agenda disse que fomentará a despenalização do aborto em âmbito nacional, o que supõe a busca de uma ampla articulação com os movimentos feministas. O problema é saber se o programa de governo pode responder de maneira eficaz e consistente às demandas e aos direitos dos povos indígenas em defesa de seus territórios e de sua autonomia contra o despojo de suas riquezas levado a cabo pelas multinacionais.

Não surpreende que os zapatistas tenham uma previsão muito negativa. Num texto que reflete bem a posição zapatista, Jorge Alonso, conclui:

> Convém contrastar a tática eleitoral do CIG [Concejo Indígena de Gobierno] com a de AMLO. Há de se reconhecer que houve um voto massivo de protesto carregado de vontade de mudança. Ainda que se tenha beneficiado do descontentamento social, AMLO converteu-se em força de governo, e agora a mensagem é que lhe deve ser dada a oportunidade de governar dentro dos

> limites postos pelas forças capitalistas que o rodeiam. Ao contrário, o CIG propiciou que a mudança seja feita a partir de baixo, sem chefes e com organização própria e autônoma. Existe uma clara contraposição entre o que vem de cima e o que surge de baixo. A proposta do CIG é eminentemente anticapitalista, anticolonial e antipatriarcal. Indo aos lugares mais recônditos onde não costumam chegar os candidatos eleitorais, usou-se uma linguagem distinta, pensando e atuando na política de outra forma, defendendo a vida contra a morte, transformando o sentido comum. Trata-se também de dois tipos de movimentos muito divergentes. Enquanto um é redutoramente eleitoral, cujo único propósito é o voto, o outro é potenciador da força dos de baixo de forma organizada. Um movimento é subordinado a um líder, e outro destrava lutas autônomas. Apenas o voto massivo, ou seja, de 30 milhões, não basta para transformar o país: é necessária uma luta social própria e não subordinada.[2]

Outra contraposição é entre a influência massiva e pontual de AMLO e o passo lento e de longa duração da mobilização impulsionada pelo CIG. Como disse o jornalista uruguaio Raúl Zibechi, as grandes mudanças iniciam-se com pequenos movimentos, imperceptíveis para os analistas. Antes que irrompam ações massivas decisivas, existe uma grande quantidade de processos subterrâneos que sucedem na vida cotidiana das pessoas. Os verdadeiros movimentos são os que modificam o lugar das pessoas no mundo, quando são rasgados os tecidos da dominação, e não quando esta se reconstrói

---

[2] Pode-se apreciar uma contraposição no artigo de Massimo Modonesi, "Las organizaciones sociales independientes frente a la candidatura presidencial de AMLO", *Desinformémonos*, 26 jun. 2018, disponível online, acesso em 5 jun. 2019.

de outra forma[3]. O importante desse tipo de movimento é não domesticar a raiva. Mas a raiva por si não basta, porque é necessário desligar-se da dominação e buscar criações novas. Em períodos tormentosos, de confusões e neblinas, Zibechi recomenda que se encare o comportamento dos poderosos para precisar com certa lucidez o que temos pela frente e, em consequência, tentar sair airosos do embate que representam. O objetivo não é simples, porque os poderosos ocultam sigilosamente suas intenções, mas adiantam ações. Por vezes surge uma sensação de "respiro" quando aparece um governo "menos mau", que é sentido como um alento para seguir em frente. Zibechi reflete que se trata de uma atitude humana defensiva que não devia ser condenada, mas antes compreendida; porque os povos necessitam passar por seus processos, errar e voltar a errar para, algum dia, tomar outros rumos. Chama a atenção que as culturas políticas mudam muito lentamente, enquanto as tormentas irrompem depressa. Convém manter a calma e continuar a fortalecer projetos coletivos, como fazem os povos indígenas e as dezenas de coletivos que continuam a resistir e não se deixam cegar pelos fogos de artifício da política institucional[4]. As euforias tendem a diluir-se rapidamente, e o que permanece é o trabalho organizativo constante. Tomar o poder para fazer mudanças a partir

---

3 Raúl Zibechi, "Insurrecciones silenciosas", *La Jornada*, 10 nov. 2017, disponível online, acesso em 5 jun. 2019.

4 Raúl Zibechi, "Conocer al enemigo y sus objetivos", *Desinformémonos*, 9 jul. 2018, disponível online, acesso em 5 jun. 2019. Há aqueles que defendem que não há que esperar que a cultura política mude, mas que há que combatê-la com a crítica e provocar a mudança da cultura dominante ao mesmo tempo que se continuam a produzir iniciativas de organização autônoma para além da racionalidade capitalista e dos espaços estatais (governo, partidos, eleições).

de cima demonstrou não alcançar a transformação de fundo que apenas podem conseguir as pessoas com organização autônoma[5].

## Conclusão provisória

O argumento geral deste livro consiste em retirar as implicações políticas do ciclo reacionário global em que nos encontramos, marcado por retrocessos enormes nas conquistas populares e pela emergência de forças políticas regulares e irregulares fascistas, civis e militares, institucionais e extrainstitucionais. As implicações variam de país para país, mas defendo que, onde quer que exista uma pluralidade de forças de esquerda, estas devem articular-se de modo pragmático para resistir com o mínimo de danos a este período de lutas defensivas. Este período defensivo é visto como provisório e, portanto, as articulações devem ser pragmáticas, limitadas e de modo a preservar a autonomia de cada força política. Essa será a melhor maneira para, num momento posterior, beneficiar-se do interconhecimento obtido no período anterior para conseguir outras articulações mais avançadas.

Em vista desse argumento, a contundente vitória de AMLO é muito mais frágil para as aspirações das classes despojadas, silenciadas e desapossadas do que se possa imaginar neste momento de euforia. As dimensões de fragilidade são as seguintes. A vitória de AMLO é uma vitória do povo, devido principalmente aos jovens das periferias que há muito compreenderam que os partidos da ordem estabelecida não resolvem seus problemas e os de suas famílias. Para eles, a grande vantagem do Morena é

---

5 Jorge Alonso, *Notas Marginales a la Elección de 2018* (inédito facultado generosamente ao autor).

nunca ter governado o país. Até quando vão esperar que o novo governo seja diferente?

A vitória de AMLO não resulta de uma articulação apenas entre forças de esquerda, mas também pelo fato de integrar algumas forças de direita (evangélicas, por exemplo). Contudo, em relação às esquerdas extrainstitucionais, é provável que López Obrador dê prosseguimento à política de dividir para reinar. Com isso, vai tentar que não se concretize nenhuma das articulações significativas entre essas forças. Ora, são essas forças que estão mais perto dos de baixo, e a sua articulação seria importante para fazer avançar suas agendas. Os de baixo são os que sofreram mais duramente a violência estrutural do país. No último sexênio foi particularmente grave a tragédia de Ayotzinapa. Os relatórios do Grupo Interdisciplinario de Expertos Independientes (GIEI) são precisos e não podem ser desmentidos. A responsabilidade do Estado parece confirmada, o mesmo Estado a que agora AMLO preside. O que vai acontecer? Por fim, são muito raros os casos daqueles que procuram moderar suas propostas para ganhar o poder e, depois de ganhá-lo, as radicalizam.

Atrevo-me a uma reflexão que reconheço conter algum risco de ser mal-entendida. Se a articulação entre forças de esquerda institucionais é difícil, não é menos difícil a articulação entre estas e as esquerdas extrainstitucionais, ou mesmo entre as diferentes esquerdas extrainstitucionais. Os interessados em dividir para reinar são normalmente os grupos que detêm o poder. No caso presente do México, esses grupos são da esquerda institucional liderada por AMLO. Acontece que as esquerdas extrainstitucionais não estão imunes à tentação de dividir para reinar. A vitória de AMLO é a vitória do México da indignação – a indignação pelos milhares de desaparecidos pela violência, pelos Yo Soy 132, pelos 43 de Ayotzinapa – das lutas indígenas, das feministas, dos jovens urbanos marginalizados, dos migrantes sem documentos etc. Qual foi o papel do EZLN (ou do Morena) nessas revoltas da indignação? Certamente, não foi decisivo. Assim sendo, que tipo de liderança pode o EZLN reivindicar no novo ciclo político? E, se tiver liderança, ela será exercida para unir ou para dividir as forças de esquerda extrainstitucionais? Atrevo-me a pensar que, se o EZLN se convencer que um novo ciclo político se iniciou com AMLO (e, em parte, apesar dele) e tirar daí as devidas conclusões, continuará a ser uma parte importante da luta futura por uma política progressista e uma sociedade libertada. Caso contrário, temo que o EZLN fique confinado a seu passado, um passado sem dúvida brilhante, mas um passado sem futuro.

# Capítulo 7

## Espanha: a fratura da identidade nacional

Na Espanha, a esquerda-esquerda passou em tempos recentes por um momento excepcionalmente auspicioso. No embalo do movimento dos indignados (mais conhecido na Espanha como 15-M), aproveitando a insatisfação dos espanhóis com um governo conservador massivamente corrupto, o Partido Popular (PP) e a falência de uma alternativa por parte do Partido Socialista Obrero Español (PSOE), ele próprio desgastado por uma governança refém do neoliberalismo, nasceu um novo partido de esquerda, o Podemos. Surgiu como uma fulguração política em 2014 e teve um êxito surpreendente nas primeiras eleições a que concorreu, elegendo cinco deputados no Parlamento europeu. Além de ser um novo partido, era um partido diferente, com uma relação orgânica com o movimento social de que emergira (o movimento dos indignados). Era também um partido novo por ser muito jovem toda a liderança. Anunciava-se o fim do bipartidismo, que emergiu com a transição para a democracia consagrada na Constituição de 1978, a alternância entre o PP e o PSOE, com o antigo Partido Comunista, mais tarde Izquierda Unida, reduzido a uma existência muito modesta.

O Podemos foi a resposta daqueles e daquelas que no movimento dos indignados defendiam que o movimento das ruas e das praças devia prolongar-se no plano institucional, transformando-se em partido. Apesar de adotar a luta institucional, apresentou-se como partido antirregime da transição (pós-franquismo, iniciado com a nova Constituição de 1978), com o argumento de que esse regime tinha dado origem a uma elite ou uma casta política e econômica que desde então se expressava politicamente na alternância entre os dois partidos do regime (PP e PSOE), uma alternância sem alternativa. As posições iniciais do partido levaram alguns a pensar – erradamente, a meu ver – que se estava perante um novo populismo de esquerda, que opunha a casta ao povo. Dizia-se, aliás, que a dicotomia esquerda/direita não captava a novidade nem a riqueza programática e organizacional do partido, que era necessária uma "nova" maneira de fazer política, oposta à "velha" política. Por se tratar de um partido novo, as bases organizativas eram frágeis, mas essa fragilidade era compensada pelo entusiasmo dos militantes e dos simpatizantes.

*Os difíceis caminhos da articulação entre as esquerdas.* Nessas condições, não era de esperar qualquer aproximação nem articulação entre as esquerdas, nomeadamente com a Izquierda Unida e o PSOE. Aliás, a grande maioria dos adeptos do Podemos não considerava que o PSOE fosse um partido de esquerda, levando em conta as cedências que os sociais-democratas tinham feito ao neoliberalismo da União Europeia. Estávamos em período de medir forças, e esse processo era particularmente decisivo para o Podemos. As primeiras "medições" não tinham como ser melhores. As pesquisas de opinião no fim de 2015 mostravam que o Podemos, surgido em janeiro de 2014, era o segundo partido nas intenções de voto dos espanhóis, depois do PP e à frente do PSOE. As primeiras iniciativas de acordo eleitoral entre forças de esquerda vieram da Izquierda Unida, liderada por outro jovem, Alberto Garzón, depois das eleições autônomas de

2015. Eram os primeiros sinais no sentido de unir as diferentes forças de esquerda com vista a conquistar o poder. Entretanto, o Podemos decidiu, por consulta interna, que quaisquer acordos ou coligações com outras forças de esquerda deviam conter o nome Podemos. Assim foram surgindo os primeiros acordos em nível autônomo: Compromís-Podemos-És el Moment, na comunidade valenciana; Podemos-En Marea-Anova-EU, na Galiza; e En Comú Podem, na Catalunha. Em nível nacional, surgiu a coligação Unidos Podemos, antes das eleições legislativas de junho de 2016, a que se juntou também o grupo ecologista Equo.

As eleições de 2016 foram o primeiro sinal de que o trajeto ascendente do Podemos não era irreversível. A campanha do Podemos foi toda orientada para ultrapassar o PSOE como grande partido de oposição. Esse objetivo ficou longe de ser alcançado, tendo o PSOE obtido 22% dos votos, e o Unidos Podemos, apenas 13%. Depois da forte crispação inicial entre o Podemos e o PSOE, houve algumas conversações entre os dois partidos, no sentido de provocar a queda do governo conservador, mas nada foi concretizado. Os resultados das eleições foram também fracos para o PSOE, uma vez que se esperava que capitalizasse com o desgaste do governo do PP. Em face disso, as divisões no interior do partido agravaram-se, e Pedro Sánchez renunciou ao cargo de secretário-geral em outubro de 2016, depois de ser derrotado num turbulento comitê federal. Nesse mesmo mês, o PSOE possibilitava, por meio da abstenção, a posse do novo governo do PP, liderado por Mariano Rajoy. A líder regional Susana Diáz, discípula política de Felipe González, voltou a preferir a política centrista do partido e viabilizou por abstenção a posse do novo governo do PP. Numa demonstração de enorme tenacidade política, Pedro Sánchez aproveitou as alterações estatutárias que previam a eleição direta do secretário-geral em eleições primárias e voltou a conquistar a liderança do partido no 39º Congresso do PSOE, em maio de 2017. As relações entre os dois partidos melhoraram significativamente quando Pedro Sánchez retomou a liderança do PSOE.

Sob a sempre presente influência do fundador do partido, Felipe González, uma forte corrente dentro do PSOE recusava como princípio qualquer aliança com o Podemos e defendia o entendimento com os partidos de direita (como o Ciudadanos, partido de direita liberal nascido na Catalunha e hoje presente no conjunto do Estado espanhol com o apoio de alguns setores importantes da mídia e de interesses econômicos poderosos), a fim de garantir a continuação do pacto de governação e da política da alternância vigente desde a Transição. Era a reprodução da política convencional da social-democracia europeia construída na Guerra Fria e que continuara depois da queda do Muro de Berlim, política que, como vimos, o Partido Socialista português encerrou no fim de 2015. No entanto, o regresso de Pedro Sánchez revelava que a militância socialista estava dividida a esse respeito, por acreditar que, sem uma unidade entre as forças de esquerda, esta nunca mais voltaria ao poder e por pensar que, sem uma guinada à esquerda que permitisse recuperar os votos que tinham feito crescer o Podemos, o PSOE nunca mais voltaria ao poder.

Estavam criadas as condições para se reiniciarem as conversações de confluência entre o PSOE e o Podemos. Da parte do Podemos, passou a existir uma motivação muito mais intensa para uma articulação com toda a esquerda. Falava-se da solução portuguesa, reconhecia-se que as transições democráticas nos dois países tinham sido diferentes, mas considerava-se que, para tentar mudar a política neoliberal europeia, era crucial que a Espanha, quinta maior economia da União Europeia, passasse a ter um governo de esquerda. Pedro Sánchez encontrou-se várias vezes com o primeiro-ministro socialista português, e consta que discutiram a coligação portuguesa. Da parte do Unidos Podemos, havia contatos, quer com o Bloco de Esquerda, quer com o Partido Comunista Português.

No novo ciclo de contatos entre o Podemos e o PSOE, tratava-se de articular reformas políticas, construir acordos programáticos e, depois, promover um governo de esquerda que pusesse fim aos anos neoliberais e corruptos do governo PP. Os sinais facilitadores da confluência estavam dados e vinham de ambos os lados. O PSOE declarava que o Podemos era "um parceiro preferencial" e que o grande objetivo era "um entendimento de esquerda no país".

*A crise da Catalunha.* Estávamos em junho de 2017. Poucos meses depois, estala a crise da Catalunha, e as divergências entre os dois partidos em relação à Catalunha fizeram colapsar as conversações e o objetivo dos acordos de governança. Aliás, o desenrolar da crise mostrou que, apesar de terem se afastado, os dois partidos foram negativamente afetados pelo modo como se posicionaram perante a crise.

Para os que não sabem o que é a crise da Catalunha, eis um breve resumo: a Catalunha tem uma identidade nacional forte e historicamente enraizada, tal como outras regiões da Espanha, quais sejam, o País Basco e a Galiza. Essa identidade foi muito reprimida pela ditadura franquista; depois da transição democrática em 1978, foi reconhecida a identidade catalã e sua autonomia no âmbito do Estado espanhol; ao longo das últimas décadas, os catalães lutaram pelas vias institucionais para que o estatuto de autonomia fosse ampliado; em 2006, aceitaram o novo Estatuto de Autonomia pactuado com o governo central, mas esse estatuto foi anulado pelo Tribunal Constitucional; desde então, as relações entre Madri e Barcelona crisparam-se; entretanto, o partido nacionalista e conservador que governara durante muito tempo a Catalunha, politicamente bem próximo do PP, passou a defender a independência como única via para a Catalunha ver reconhecidas sua identidade e sua vontade de autogoverno; o objetivo da independência passou, então, a ter dois braços políticos, um braço de direita e um braço de esquerda, sendo que neste último tinham militado republicanos que nunca se reconheceram na monarquia borbônica (antepassados do atual rei), que no século XVIII derrotara os independentistas catalães. No dia 1º de outubro de 2017, o governo catalão realiza um referendo, considerado ilegal pelo governo central de Madri, para conhecer a vontade dos catalães a respeito da independência; o governo central tenta travar a realização do referendo pela via judicial e policial, mas, apesar das intimidações e das repressões, o referendo acontece, e a maioria dos que expressaram seu voto o fez a favor da independência; poucos dias depois, o governo da Catalunha declara unilateralmente a independência; o governo de Madri reage, acionando o artigo 155 da Constituição, e declara estado de emergência na Catalunha; suspende o governo autônomo, manda prender os dirigentes políticos e convoca eleições na Catalunha para 21 de dezembro, com o objetivo de eleger um novo governo; o líder do governo catalão, Carles Puigdemont, suspenso pelo governo central de Madri, exila-se na Bélgica e a partir de Bruxelas procura junto aos países europeus apoio para a causa catalã, que é recusado; as eleições catalãs acontecem, e os partidos independentistas voltam a ganhar; tanto o PSOE como o Podemos (que se apresentou nas eleições numa coligação de várias forças de esquerda designada Catalunya en Comú) saem derrotados nas eleições, e a derrota do Podemos é particularmente preocupante para o partido pelas repercussões que pode ter fora da Catalunha; a coligação que governara antes a Catalunha, constituída por um partido de direita (o maior) e dois de esquerda (um de esquerda moderada e outro de esquerda-esquerda), volta a posicionar-se para governar. No momento em que escrevo

(15 de janeiro de 2018), o futuro político da Catalunha é uma complexa incógnita.

Por que a crise da Catalunha bloqueou um acordo entre as esquerdas considerado fundamental para pôr termo ao governo conservador, objetivo partilhado pela maioria dos espanhóis? Afinal, ambos os partidos se manifestaram contra o referendo unilateralmente decidido pelos catalães e ambos os partidos defenderam a ideia de um Estado plurinacional com vista à constituição eventual de um Estado federal ou confederado; ambos os partidos se manifestaram contra a independência da Catalunha, mas o Podemos foi enfático ao afirmar que esse objetivo devia ser construído consensualmente com os catalães, e não assente em repressões judiciais e policiais. Defendeu o direito de decisão dos catalães, baseado num referendo pactuado com o conjunto do Estado espanhol.

Mas as divergências entre os dois partidos agravaram-se. A crise da Catalunha levou o PSOE, ao contrário do Podemos, a recuar na defesa da plurinacionalidade do Estado espanhol. A plurinacionalidade (Espanha como "nação de nações") tinha sido reconhecida no 39º Congresso do partido que reelegeu Pedro Sánchez como secretário-geral. Depois, porém, a plurinacionalidade foi eliminada como eixo central da proposta do partido de reforma constitucional. Os dois partidos divergiram fortemente quanto à aplicação do artigo 155 da Constituição e quanto à repressão jurídico-judicial em que este se traduziu. O PSOE manifestou-se a favor da declaração do estado de emergência e, de fato, acordou com o PP a aplicação do dispositivo constitucional. Na perspectiva do Podemos, com essa decisão, o PSOE voltava a ser um dos partidos do regime contra o qual surgira o Podemos, e, por isso, as negociações entre os dois partidos deviam ser suspensas. Da parte do PSOE, o afastamento foi correspondente.

*As esquerdas e a identidade nacional.* Por que a crise da Catalunha pode ser particularmente negativa para o

Podemos? Se nos restringirmos à Catalunha, os danos não parecem duradouros. A posição da aliança em que se integrava o Podemos era a posição aparentemente moderada do fortalecimento da autonomia pelas vias legais e constitucionais. Mas seria essa a posição das bases catalãs do partido? Estariam todas com o partido quando este afirmava o direito de decidir e ao mesmo tempo insistia que a independência não era uma boa solução nem para a Catalunha nem para a Espanha? Defender o direito de decidir não implicaria o dever de aceitar o que fosse decidido? Por que insistir tanto na ilegalidade do referendo quando a esmagadora maioria dos catalães defendia o direito incondicional de decidir, ainda que estivessem divididos quase pela metade sobre o objetivo da independência?

Que havia divergências, isso tornou-se evidente quando o dirigente catalão do Podemos se declarou a favor de aceitar o resultado das eleições de dezembro – portanto, a independência – e foi prontamente demitido pela direção nacional do partido. De todo modo, em contextos de forte polarização é normal que os partidos que defendem posições mais moderadas sejam punidos pelos eleitores, mas essa situação não perdura quando a polarização se atenua, o que pode ocorrer se tivermos em mente que o independentismo não conseguiu uma vitória esmagadora, pelo contrário, e que tanto o extremo da independência como o extremo do centralismo (o partido conservador Ciudadanos) foram os vencedores das eleições.

Se considerarmos a Espanha no seu conjunto, a razão da vulnerabilidade acrescida do Podemos depois da crise da Catalunha reside no fato de que a identidade nacional na Espanha não é, ao contrário do que ocorre em outros países, uma bandeira inequivocamente de direita. É uma bandeira de muitos dos movimentos de cidadãos e cidadãs de esquerda que se coligaram com o Podemos nas diferentes regiões autônomas. Para elas, era importante que o Podemos distinguisse entre legalidade e legitimidade no caso do referendo dos catalães e estivesse inequivocamente ao lado dos catalães que desafiavam o centralismo conservador de Madri para exercer o direito mais básico da democracia, o direito de votar. Só assim faria sentido que fosse considerada genuína a oposição do partido à declaração unilateral de independência como resultado do referendo de 1º de outubro, declaração que, no entanto, foi imediatamente suspensa como sinal de oferta de diálogo e solicitação de mediação internacional. Ficou a dúvida nessas bases sobre de que lado estaria o Podemos em futuros confrontos de outras regiões com o centralismo de Madri.

Terá a liderança do Podemos sido insensível à complexidade da questão da identidade nacional na Espanha? As novas lideranças da esquerda-esquerda europeia, não só na Espanha, como noutros países, foram treinadas para desconfiar de todos os nacionalismos, uma vez que na Europa eles foram sempre conservadores e estiveram na origem dos maiores crimes. Foram igualmente treinadas para dar toda a prioridade às políticas de classe, ainda que nos períodos mais recentes complementadas com políticas antipatriarcais e antirracistas. Acrescenta-se a isso o fato de que na Catalunha a independência foi empunhada como bandeira por uma direita que durante décadas tinha sido servil ao governo central e, enquanto governo autônomo, tinha aplicado com zelo as políticas neoliberais contra os trabalhadores catalães.

Qualquer dessas duas vertentes do treino tem de ser reavaliada nos próximos tempos não só na Espanha, mas em muitos outros países. Para isso, as esquerdas europeias têm de aprender com o Sul global. No que diz respeito ao nacionalismo, foi nos contextos coloniais extraeuropeus um objetivo politicamente muito mais complexo. Foi a bandeira dos povos oprimidos entre os quais havia obviamente diferenças de classe, de etnia e outras. Daí que se tenha distinguido entre o nacionalismo dos fracos ou dos oprimidos e o nacionalismo dos fortes ou dos opressores. Mas, mesmo na Europa, essa complexidade existiu historicamente. Com referência à Galiza e às diferentes nações no interior do Estado espanhol, Xosé Manuel Beiras fala de "nacionalismos periféricos". A Andaluzia foi talvez o primeiro território da Europa a ser tratado como colônia depois da mal chamada Reconquista. As formas coloniais de administração e de concentração de terras foram experimentadas na Andaluzia antes de serem aplicadas no Novo Mundo, como têm insistido os estudiosos andaluzes. Daí o conceito de colonialismo interno que se pode aplicar tanto em contexto latino-americano como em contexto europeu. As novas lideranças de esquerda europeia nunca puderam aprender nas escolas e nas universidades que a história de seus países incluía colonialismo interno e que havia vários tipos de nacionalismo – tanto no mundo como na própria Europa.

Por outro lado, no que diz respeito à prioridade da política de classe, tem de haver no futuro uma profunda reflexão. Tenho defendido que a dominação moderna é constituída desde o século XVI por três modalidades principais de dominação: o capitalismo, o colonialismo e o patriarcado. Desde suas origens, esses três modos de dominação sempre atuaram articulados. As épocas e os contextos sociais de cada país se distinguem pelo modo específico de articulação entre os diferentes modos de dominação que prevalecem. O colonialismo não terminou com o fim do colonialismo histórico. Continua hoje sob outras formas, como o colonialismo interno, o racismo, a xenofobia e a islamofobia.

A luta contra a dominação tem igualmente de ser articulada e contemplar as três vertentes, mesmo que as ênfases e as urgências obriguem a dar prioridade a uma ou outra. Mas as três devem estar sempre contempladas, pela simples razão de que em certos contextos as lutas assumem versões mutantes. Por exemplo, uma reivindicação de classe pode afirmar-se sob a forma de reivindicação de identidade nacional, e vice-versa. Portanto, as forças políticas que têm êxito são as que estão mais atentas a esse caráter mutante das lutas sociais. Penso que é o caso da Catalunha. Na Espanha, as identidades nacionais são transclassistas e não podem ser minimizadas pelas forças de esquerda por esse fato. Essas têm antes de lutar com as contradições para fazer funcionar o transclassismo a favor de uma política progressista que fortaleça as posições e os interesses das classes subalternas, populares. A crise da Catalunha revelou que a "questão nacional" da Espanha só se resolve com uma ruptura democrática com o regime atual, o que pressupõe uma nova Constituição.

O Unidos Podemos está em tempo de fazer a reflexão a esse respeito – e espero que o mesmo ocorra no PSOE. Se ela tiver lugar, voltará a ser possível pensar numa unidade consistente entre as forças de esquerda, que inclua partidos e movimentos. Sem ela, as esquerdas espanholas nunca chegarão ao poder com um programa de esquerda, o que é mau para a Espanha e para a Europa.

## Atualização em agosto de 2018 (com a colaboração de Antoni Aguiló)

### A moção de censura e os desafios das esquerdas

O triunfo da primeira moção de censura com êxito na história da democracia espanhola, apresentada em 1º de junho pelo PSOE após o anúncio da sentença do caso Gürtel – que resultou na condenação do ex-tesoureiro e de vários dirigentes do Partido Popular, além de pessoas relacionadas com o partido, e pela primeira vez na condenação do próprio partido por criar em vários territórios um "autêntico e eficaz sistema de corrupção institucional através de mecanismos de manipulação da contratação pública central, autônoma e local" –, abriu um novo e incerto cenário político, em que o novo presidente do governo espanhol, Pedro Sánchez, não prevê eleições imediatas e em que, dada a exígua minoria parlamentar de que dispõe (84 deputados), terá de negociar e procurar acordos com outras forças parlamentares para garantir sua estabilidade.

A moção contra o ex-premiê Mariano Rajoy, para além do PSOE, contou com o apoio do Unidos Podemos, da Esquerra Republicana de Catalunya (ERC), do Partit Demòcrata Europeu Català (PDeCAT), do Partido Nacionalista Vasco (PNV), do Compromís, da Nueva Canarias (NC) e da coligação basca EH Bildu, que juntos somaram 180 votos favoráveis frente aos 169 votos contrários do Partido Popular (PP), dos Ciudadanos (Cs), da Unión del Pueblo Navarro (UPN) e do Foro Asturias (partidos conservadores que se apresentaram às eleições em coligação com o PP), com a única abstenção da deputada da Coalición Canaria (CC).

Esse cenário tem propiciado numerosas comparações entre o novo governo de Pedro Sánchez – que a direita midiática se apressou em chamar de "*Governo Frankenstein*" – e o governo de António Costa, em Portugal – que os opositores definiram desde o começo como "geringonça". Não obstante, apesar das aparências, a comparação resulta forçada se levarmos em conta que o governo vigente em Portugal desde 2015 surge depois das eleições e, sobretudo, depois do fracasso da solução apresentada pela coligação conservadora liderada por Passos Coelho, que esteve onze dias no poder, ao passo que a moção de censura do PSOE surge depois de mais de ano e meio, com um intervalo em funções de quase um ano, em que Rajoy esteve à frente do governo espanhol. Se em 2016 Sánchez tivesse conseguido chegar a um acordo de governo com o Unidos Podemos e os nacionalistas, provavelmente tudo teria sido diferente. Mas não teve poder interno para fazê-lo, anunciou um acordo com os Ciudadanos e acabou apartado da liderança pelo Comitê Federal do partido, regressando em 2017 graças ao voto da militância.

A diferença fundamental entre ambos os casos não reside na legitimidade política da moção de censura, posta em causa, no caso espanhol, pelas fileiras do PP, mas sim no significado da chegada ao poder. Costa propôs formar um governo em nome de um programa político para toda a legislatura, com um objetivo político muito concreto em torno do qual articulou uma maioria parlamentar: reverter as políticas de austeridade da troika e da direita portuguesa. Para isso, teve de assumir acordos com os partidos à sua esquerda.

Distinto foi o caso espanhol, em que, longe de constituir a base de um amplo acordo programático e de governabilidade (que oferecia a possibilidade de conformar um bloco alternativo), o "sim" a Pedro Sánchez pelos partidos que apoiaram a moção de censura supunha, na realidade, a recusa de que Mariano Rajoy continuasse a ser presidente. Tratava-se, assim, de um acordo pontual com uma finalidade exclusiva de destituição que não continha uma proposta política vinculada a uma maioria parlamentar de mudança.

Nesse contexto, a ação do governo de Pedro Sánchez debate-se entre conjugar seu anunciado roteiro social com medidas que não se choquem com as exigências austeras da União Europeia nem com os Orçamentos Gerais do Estado de Rajoy aprovados pelo Congresso e aos quais o PSOE se opôs, mas que estrategicamente manteve para assegurar a sua estabilidade, motivo pelo qual provavelmente empreenderá um programa de pequenas reformas que não impliquem uma mudança substancial de rumo. Nesse sentido, o novo governo anunciou um pacote de medidas moderadas, algumas simbólicas, mas de urgente necessidade, que podem ajudar o PSOE a recuperar o alento eleitoral perdido desde o início da crise de 2008.

O programa de governo de Pedro Sánchez planeja adotar medidas de maior ou menor peso em diferentes setores que poderiam ser acordadas com outros grupos parlamentares. Tais medidas promovem o relançamento à escala europeia do debate migratório, devido sobretudo à questão do acolhimento em território espanhol do barco Aquarius, tratando de criar um eixo entre Espanha, Portugal, França e Alemanha mais moderado que proponha à Comissão Europeia a repartição rápida de migrantes e exilados por vários países europeus face à radicalidade do discurso anti-imigração do bloco Itália, Hungria e Polônia.

Seu programa também contempla medidas de regeneração democrática que incluem a revogação dos aspectos mais duros da Lei Mordaça e a renovação do Conselho de Administração da RTVE, inesperadamente malograda pela ausência de dois deputados e pelo equívoco de outros dois durante a votação.

Do mesmo modo, planeja medidas no âmbito da memória histórica (criação de uma Direção Geral de Memória Histórica, ou a decisão de exumar e trasladar os restos de Franco do Valle de los Caídos, entre outras); do feminismo (recuperação do Ministério da Igualdade; recorde mundial de ministras; lei para assegurar a igualdade de gênero no emprego; lei de igualdade salarial; reforma do código penal sobre delitos sexuais contra mulheres; recuperação do acesso gratuito à reprodução assistida para lésbicas e mulheres solteiras etc.); dos direitos sociais e das liberdades civis (proposta sobre a regulamentação da eutanásia e equiparação das licenças de maternidade e paternidade, a pedido do Unidos Podemos); das políticas sociais destinadas à melhoria do Estado de bem-estar social (aumento das pensões de reforma; devolução da saúde universal; eliminação do copagamento farmacêutico para os pensionistas; recuperação das cotizações à Segurança Social das cuidadoras não profissionais da Lei de Promoção da Autonomia Pessoal e Atenção às pessoas em situação de dependência; aumento de impostos para as grandes empresas; criação de um Alto Comissariado para a Pobreza Infantil; recuperação do subsídio para desempregados com mais de 52 anos etc.); das energias renováveis (Lei de Transição Energética e Mudança Climática).

Igualmente, prevê atuações no que se refere à reativação do diálogo bilateral com o governo da Catalunha constituído após as eleições catalãs de dezembro de 2017 e o levantamento do artigo 155 a fim de normalizar as relações com o novo Executivo catalão de Quim Torra. A principal estratégia do governo de Sánchez consiste em levar a crise da Catalunha do plano jurídico-repressivo ao político, o que foi visualizado por uma política de gestos de diferenciação que incluem o traslado dos presos preventivos independentistas para prisões catalãs e o encontro entre Sánchez e Torra depois de mais de dois anos sem que um presidente da Generalitat fosse recebido na Moncloa. No entanto, a desjudicialização do conflito implicaria também, por um lado, que a Fiscalía General do Estado (dependente do governo) reconsidere sua estratégia judicial a respeito das petições de condenação para os arguidos independentistas, tendo em conta que a justiça alemã se nega a julgar por um delito de rebelião o ex-presidente no exílio Carles Puigdemont, assim como, por outro lado, o levantamento dos vetos que existem no Tribunal Constitucional a leis catalãs acerca de questões como pobreza energética, mudança climática e universalidade da saúde. Além disso, Sánchez mantém por ora (agosto de 2018) o controle econômico sobre as contas da Generalitat. Para além das boas intenções e da vontade recíproca de cooperação, as posturas parecem inamovíveis. A reforma constitucional em clave federal não está entre as opções viáveis do governo espanhol, dado o prazo limitado de que dispõe, ao passo que o governo da Catalunha insiste que a autodeterminação continua a ser um assunto central.

A situação atual coloca algumas interrogações sobre a construção realista e eficiente da unidade entre as forças de esquerda. Será possível alcançar consensos criativos que permitam passar da alternância à alternativa? São perguntas-desafio que vale a pena colocar, sobretudo se acreditamos que a unidade das esquerdas não é apenas desejável, mas também possível e necessária.

## Atualização em maio de 2019

Em 12 de fevereiro, o Parlamento espanhol chumbou a proposta de Orçamento do Estado do governo, abrindo caminho para a queda do governo de Pedro Sánchez e para a marcação de eleições gerais antecipadas. As eleições foram marcadas para 28 de abril. O resultado das eleições foi o seguinte: PSOE 7.480.755 votos (28,7%); PP 4.356.023 (16,7%); CS 4.136.600 (15,9%); UP 3.732.929 (14,3%); VOX 2.677.173 (10,3%); Outros 2.635.728 (10,1%). Diante desses resultados, o PSOE ganhou as eleições, mas sem a maioria absoluta. No momento em que escrevo, realizam-se negociações para a criação de um governo de coligação ou de um governo minoritário com apoio parlamentar. A hipótese mais provável é a de que o governo assente numa maioria de forças de esquerda. Além disso, vale registrar que o partido de extrema direita VOX conquistou 10,26% dos votos e 24 lugares. Trata-se de um fato inédito porque, desde o fim da ditadura de Franco e da transição iniciada em 1978, é a primeira vez que um partido de extrema direita consegue representação parlamentar.

# Outras vozes e contextos

As questões tratadas neste texto estão presentes noutros contextos, ainda que com outros matizes e outras composições. No sentido que dei ao conceito de esquerda neste livro, penso que a oposição entre esquerda e direita está presente globalmente ao menos quando em regimes políticos democráticos, mesmo que sejam democracias de baixíssima intensidade. Obviamente, essa oposição pode ser formulada com outros termos que não esquerda/direita, mas isso não interfere nos temas substantivos das diferenças e nas condições para a articulação entre as forças políticas organizadas. Um tema relacionado mas não abordado neste livro é o questionamento da dicotomia esquerda/direita mesmo em contextos em que ela tem sido um dos pilares do sistema político em vigor. A partir do momento em que os regimes políticos democráticos deixaram de contemplar a possibilidade de opção por outro regime econômico que não o capitalista (simbolicamente desde a queda do Muro de Berlim), o questionamento da distinção entre esquerda e direita tornou-se mais comum. O surgimento recente do populismo deu uma nova amplitude a esse questionamento. No entanto, como defendi noutro lugar[1], há diferentes populismos, e as diferenças revelam a presença da oposição entre esquerda e direita mesmo quando esses conceitos não são usados. Outra vertente do mesmo questionamento é o aparecimento de novas forças políticas que se consideram de esquerda mas veem essa caracterização ser refutada por outras forças de esquerda. Um dos casos mais interessante é o partido Economic Freedom Fighters, da África do Sul, criado por Julius Malema, antigo líder da juventude do African National Congress (ANC), partido que protagonizou a luta contra o *apartheid*. Apesar de se autodefinir "marxista-leninista-fanoniano" e defender políticas semelhantes às que foram defendidas por alguns movimentos africanos de libertação nacional contra o colonialismo, o partido tem sido considerado fascizante não apenas pela direita como por partidos de esquerda.

Neste livro, centrei-me no tema da unidade das esquerdas. Entre muitas outras condições que podem afetar essa unidade em contextos pré-eleitorais, identifiquei algumas, vinculadas a países específicos e considerando que todas elas ocorrem num contexto comum: a virulência da governança fascizante neoliberal da direita conservadora, que ilustrei com o caso de Portugal. As condições que considerei terem um valor explicativo especial em cada país foram: a fratura do desgaste da governabilidade (Brasil), a fratura da luta armada sob a vigilância do império (Colômbia), a fratura entre a institucionalidade e a extrainstitucionlidade (México) e a fratura da identidade nacional (Espanha). No caso do México, a complexidade está particularmente bem expressa no prefácio à edição mexicana do livro a cargo de

---

[1] Para o caso espanhol, ver *La difícil democracia. Una mirada desde la periferia europea* (Madri, Akal, 2016); para o caso português, ver *Pneumatóforo. Escritos políticos (1981-2018)* (Coimbra, Almedina, 2018).

meu querido amigo Gustavo Esteva, um intelectual-ativista que muito admiro e cuja análise diverge bastante da minha. Para o bem do aprofundamento do debate e pelas muitas questões que levanta, relevantes para outros contextos, incluo a seguir o prefácio de Esteva publicado na edição espanhola do livro.

Esteva tratou de identificar condições dominantes, bem consciente de que, para além delas, estariam presentes outras. Por sua vez, qualquer dessas condições analisadas pode estar presente noutros países e contextos, assumindo configurações diferentes. Por exemplo, a fratura de governabilidade pode ser localizada na Itália, com o desgaste socioliberal do Partido Democrático que em parte está na origem da emergência e do crescimento de um partido antissistema, o 5 Stelle de Beppe Grillo. O êxito eleitoral do movimento 5 Stelle e da Lega (antes chamada Lega Lombarda, separatista, nacionalista e de direita, senão mesmo de extrema direita) nas eleições de março de 2018 levou à constituição de um governo de direita que chegou para alinhar-se com os partidos de direita mais conservadores atualmente no governo da Áustria, da Hungria e da Polônia. O prefácio de Giovanni Allegretti, também incluído a seguir, analisa com mais detalhe a situação italiana. Pode-se observar a mesma viragem à direita na França, depois do desastroso governo do Partido Socialista liderado por François Hollande, uma tentativa tardia de se submeter à ordem neoliberal. Ou do desgaste do longo governo do partido do Congresso na Índia, que levou à criação de outro partido identificado como de esquerda, o Partido do Homem Comum (Aam Aadmi Party – AAP), tendo como lema central a luta contra a corrupção. Esse desgaste abriu caminho à conquista do poder pelo Bharatiya Janata Party (BJP), liderado por Modi, partido conservador fascizante que combina a subserviência ao credo neoliberal com a politização do hinduísmo, transformando-o num instrumento de discriminação contra os muçulmanos. A fratura do desgaste do governo está também presente em vários países africanos, sobretudo se tivermos em mente que eles têm sido submetidos com particular violência às imposições do neoliberalismo e do capital financeiro. É, por exemplo, o caso do ANC, na África do Sul. O desgaste do governo tem levado ao surgimento de outras forças políticas, ao mesmo tempo que se agravam as divisões internas no ANC. Em parte pelas mesmas razões de contexto internacional, podemos ainda detectar o efeito do desgaste da governação em países como Moçambique e Angola, onde continuam a governar os partidos que lideraram as lutas de libertação contra o colonialismo português.

Por sua vez, a fratura da luta armada condiciona as possibilidades de articulação entre as forças de esquerda na Turquia (questão curda), na Índia (naxalitas) e nas Filipinas (lutas étnicas e muçulmanas). O Sri Lanka foi durante muito tempo um país politicamente condicionado pela luta armada dos tâmeis. A fratura da institucionalidade/extrainstitucionalidade está presente na Tunísia, na Argentina e no Peru e faz emergir a distinção proposta pelos zapatistas entre *izquierda de abajo* e *izquierda de arriba*. Por último, a fratura da identidade nacional surge de formas muito distintas (discriminação racial, xenofobia, internamento indigno de refugiados etc.) em diversos países da Europa devido à herança colonial, criando múltiplos obstáculos às articulações entre forças de esquerda. É, por exemplo, o caso da Alemanha, da Inglaterra e da Holanda. E o mesmo sucede com Bernie Sanders e outras forças de esquerda na sombra do Partido Democrático norte-americano, com a importância relativa que dão à discriminação e à violência policial contra a população afro-americana.

Deve também ter-se em mente que, por vezes, as condições aqui analisadas não afetam apenas as possibilidades de articulação entre forças de esquerda. Provocam divisões no interior da mesma força de esquerda, tornando ainda mais difícil qualquer política de alianças. É o caso do Partido Trabalhista inglês, que, em tempos recentes, sofreu uma forte convulsão interna da qual ainda se não recuperou plenamente.

# Prefácio à edição italiana*

**Giovanni Allegretti**

O verão de 2018 ficou marcado como um momento de forte turbulência para as forças progressistas na Itália, que hoje parecem um exército em debandada, "barricado numa acrópole, que vence nos centros históricos e perde nas periferias"[1], sem energia nem conteúdo ou capacidade de atração, encontrando-se, para além disso, prisioneiras dos próprios litígios e dos rancores fratricidas de seus dirigentes. Olhar para outros horizontes, onde as esquerdas encontraram convergências num pensamento forte, poderá ajudar-nos?

Na Itália, as várias derrotas em diferentes sedes eleitorais culminaram com a nomeação do governo Conte, apoiado por dois partidos que, representando duas faces diferentes mas convergentes do populismo, invocam continuamente, com um "misto de arrogância e de fatuidade", a "próxima conspiração dos poderes fortes" a serem usados como "cômodo álibi preventivo para cada erro cometido e para cada infração a cometer"[2]. Mas souberam

---

* Tradução de Patrícia Branco. (N. E.)

1 A definição é de Massimo Cacciari, "Serve una nuova Europa", em entrevista a Marco DaMilano, *L'Espresso*, 2 set. 2018, p. 26-31.

2 Marco Follini, "Non cadiamo nella loro trappola", *L'Espresso*, 2 set. 2018, p. 32-3.

as esquerdas italianas, na última década, construir uma distância crítica e uma alternativa à vontade de domínio desses poderes?

Em julho de 2018, quando vários intelectuais apelavam ao Partido Democrático (PD) para que se dissolvesse e promovesse uma lista para as eleições europeias de 2019[3], elevaram-se, sem grandes distinções, os coros de admiração pelo modelo Marchionne, por ocasião da morte do administrador delegado da multinacional automobilística FCA, reafirmando a alma de uma esquerda já distante da sensibilidade de suas bases tradicionais e ligada a uma visão substancialmente neoliberal de Estado[4]. Enquanto alguns ex-dirigentes do PD levavam adiante um debate interno sobre a necessidade de reforma do partido e de este dialogar com os restos dispersos de outras forças progressistas, alguns intelectuais do campo progressista – membros de uma geração demasiado comprometida com uma visão neoliberal ortodoxa e que deixou a esquerda no atual estado em que se encontra[5] – deixavam claro o desejo de se manterem à parte disso. De resto, na Itália, o populismo parece ter

---

3 O apelo foi lançado em 3 de agosto de 2018 no jornal *La Repubblica* pelo ex-presidente da Câmara de Veneza, Massimo Cacciari, juntamente com Michele Ciliberto, Biagio de Giovanni, Vittorio Gregotti, Giacomo Manzoni, Giacomo Marramao e Mimmo Paladino, entre outros intelectuais. Ver Massimo Cacciari, "Massimo Cacciari e l'appello anti-populismo: 'Prepariamoci alle elezioni Europee'", *La Reppublica*, 2 ago. 2018, disponível online, acesso em 17 out. 2018.

4 Ver ainda a pesquisa SWG de abril de 2017, que revelou a proximidade dos atuais eleitores do PD ao credo liberal e à globalização da concorrência: Alessandro Faggiano, "Sondaggi politici SWG: elettori PD appoggiano neoliberismo", *Termometro Politico*, 13 abr. 2017, disponível online, acesso em 17 out. 2018.

5 Ver a entrevista do jornalista Gad Lerner a Lorenzo Giarelli, "Gad Lerner: 'Sono un radical chic, amico di De Benedetti. Il Pd non

ganhado a última batalha político-eleitoral, dado que já há muito havia ganhado a batalha cultural. Foi assim que, no fim do verão, o próprio presidente do PD veio publicamente propor a dissolução e a refundação de seu partido[6], não sendo levado a sério por muitos dos notáveis que até agora dominaram as correntes políticas.

Ainda que não esteja claro o que vai acontecer nos próximos meses tanto com essa quanto com outras forças do campo progressista (visto que algumas não parecem sequer interrogar-se acerca da necessidade de uma autorreforma e continuam orgulhosas dos minúsculos consensos eleitorais obtidos nos últimos meses), uma coisa é certa: as esquerdas perderam sua força propulsora e a capacidade proativa. Para elas, ver o novo governo em ação e "querer subir à cadeira" para lhe dar uma lição faz parte de uma ação simultânea, que visa reivindicar a necessidade de contrapor a complexidade e os argumentos racionais às "trombetas do preconceito"[7] que marcam sua atuação. As esquerdas parecem concentradas na reivindicação de uma "cultura civil republicana" contra o misto de ignorância, presunção e autoritarismo descarado que constitui o código de conduta e estilo do novo governo. Isso não seria, em si mesmo, errado, mas a tentação de reduzir a política italiana a uma disputa antropológica ou a um choque civilizacional apresenta um aspecto insidioso, sobretudo quando nos concentramos nos estilos de governo e não nos conteúdos.

---

ripartirà da quelli come me'", *Il Fatto Quotidiano*, 22 ago. 2018, disponível online, acesso em 17 out. 2018.

6 Ver "Pd, ora lo dice anche il presidente Orfini: 'Cambiare nome non basta, il partito non funziona. Sciogliamolo e rifondiamolo'", *Il Fatto Quotidiano*, 15 set. 2018, disponível online, acesso em 17 out. 2018.

7 M. Follini, "Non cadiamo nella loro trappola", cit., p. 32-3.

Essa reação antipopulista – que parece ser o único (e precário) adesivo a unir as forças da esquerda (como tinha sido até agora o antiberlusconismo) – contém várias armadilhas. A primeira surge de um comportamento que pretende mudar os outros – o povo e as suas preferências – sem que as próprias forças de esquerda mudem alguma coisa em si mesmas, tampouco sem admitir que as regras do Estado social devem ser aplicadas também – e sobretudo – a quem está no poder[8]. A segunda armadilha é a que dá aos adversários o monopólio de ditar a agenda (e de deslocar as bases programáticas de conteúdos da própria esquerda), comprimindo-a com políticas de horizontes curtos que oferecem uma "proteção de breve termo, aparentemente imediata, mas ao mesmo tempo totalmente ineficaz passado pouco tempo"[9].

Nesse quadro, a única alternativa de renovação das esquerdas é seguir a estrada mais longa, aquela da autocrítica e da capacidade de fazer propostas que desafiem um sistema de poderes e de privilégios com os quais por muitos anos foram coniventes. Usando uma metáfora esportiva, a esquerda italiana precisa enfrentar seu renascimento como se se tratasse de uma subida longa numa prova de ciclismo, que pode ser feita de dois modos: como *sprintista* ou como *passista*. O segundo não deve seguir os arranques do sprintista, sabendo que – provavelmente – ao final da subida terá boas hipóteses de alcançá-lo, se evitar as histerias e os erros típicos de uma competição feroz e se conseguir manter uma visão diferente e um horizonte de crescimento menos imediatista e mais de longo alcance.

---

8 A posição na luta contra as garantias vitalícias de muitos responsáveis eleitos é um fulgurante exemplo de uma incapacidade da esquerda de aproveitar alguns dos importantes elos simbólicos no atual debate político.

9 Tito Boeri, *Populismo e stato sociale* (Roma, Laterza, 2007).

Como escreveu o economista Emiliano Brancaccio[10], neste momento estão reunidas todas as condições para fazer uma crítica ao dogmatismo liberal de esquerda, que provocou danos econômicos e destruiu o consenso político. No caso italiano, essa autocrítica é a única salvação possível à reação obscurantista que tomou conta da direita. Mas, para que isso aconteça, falta ainda a vontade das forças que se definem como de esquerda e de centro-esquerda de abandonar os comportamentos elitistas que lhes valeram os epítetos de "esquerda spritz", "esquerda caviar" ou, mais recentemente, "esquerda-*-spread*". Este último traduz bem os comportamentos incoerentes incapazes de contestar no terreno político o avanço das forças reacionárias, para se refugiarem "na obtusa esperança de que mais cedo ou mais tarde serão os mercados a fazê-lo"[11]. A classe dirigente da esquerda só poderá recuperar a confiança dos cidadãos quando se mostrar capaz de uma autorreforma; não pode, contudo, pedir aos outros que façam o que não quer ou não é capaz de impor a si mesma[12].

A imagem mais intensa do impasse no qual se encontra hoje a esquerda é, provavelmente, a da queda da ponte Morandi, em Gênova. A tragédia, que no dia 14 de agosto de 2018 provocou a morte de 43 pessoas, evidencia a necessidade de repensar a relação entre política, políticas públicas e cidadãos. E a muitos partidos de esquerda – que, por um período não tão curto assim, estiveram no governo – aquela trágica imagem parece gritar-lhes que reflitam sobre o próprio modo de conceber o desenvolvimento e a relação com o território, os habitantes e o tecido empresarial: numa palavra, que repensem o

---

10 Emiliano Brancaccio, "Ma ora liberiamoci dal liberismo", *L'Espresso*, 2 set. 2018, p. 30-1.

11 Ibidem, p. 31.

12 Ver Tito Boeri, *Populismo e stato sociale*, cit., p. 27.

próprio projeto de país e o modo ambíguo como se relacionam com a cidadania e com o mercado.

A tragédia anunciada da ponte Morandi foi não só o indicador de uma falência das instituições eleitas como também uma derrota das suas tentativas de abrir-se a percursos de um maior envolvimento direto dos cidadãos nas escolhas relevantes. De fato, a queda da ponte denunciou o fracasso efetivo do interessante percurso participativo para a *Gronda di Ponente*[13], que poderia ter evitado a tragédia se sua conclusão em 2009 não tivesse ficado sepultada debaixo de nove anos de insustentáveis burocracias técnicas para iniciar as obras de um percurso alternativo para o trânsito. Diante disso, não são sequer claras quais as vantagens que pode vir a produzir a já programada entrada em vigor (exatamente dez dias após a queda da ponte) do Regulamento Ministerial, que regula a obrigação de o Estado criar procedimentos de debate público sobre todos os grandes projetos infraestruturais[14]. Ironia do destino, trata-se de um dos últimos procedimentos normativos estruturantes aprovado pelo governo de centro-esquerda (depois de dois extenuantes anos de debates internos e alterações) antes da passagem de testemunho ao governo Conte.

O panorama anteriormente mencionado encontra-se numa relação de forte coerência com a análise proposta neste livro por Boaventura de Sousa Santos, já publicado em várias línguas e sempre em atualização, de modo a manter o diálogo com uma realidade em constante mudança.

A esquerda italiana encontra-se, de fato, num espaço de ruptura e de transição prenhe de oportunidades a

---

13 Ver Gianfranco Pomatto, *Gioco strategico e deliberazione: il dibattito pubblico sulla Gronda di Genova* (Turim, SPS University Press, 2011).

14 Ver *Decreto Presidente del Consiglio dei Ministri* n. 76 de 10 de maio de 2018, que detalha o artigo 22º do *Nuovo Codice degli Appalti*, decreto n. 50, aprovado em 2016.

desenvolver e de decisões a tomar, a que Santos – retomando um conceito gramsciano – chama de "interregno". Tal espaço pode ser iluminado por meio de uma atenta releitura do pesado fardo de responsabilidade e de erros de perspetiva acumulados nos últimos trinta anos, durante aquela que o autor define como a terceira fase da globalização, com seus efeitos de forte interdependência global, suas características de quarta Revolução Industrial (microeletrônica, genética e robótica) e a peculiaridade de, pela primeira vez, ter submetido virtualmente o mundo inteiro "ao mesmo modelo de desenvolvimento hegemônico (o capitalismo em sua versão neoliberal)", transformando a democracia liberal no único sistema político legítimo a impor ao planeta.

Esse interregno caracteriza-se pela degradação progressiva dos salários nos países centrais e semiperiféricos, combinada com um ataque global à classe média e aos recursos naturais (com consequências dramáticas para as comunidades rurais e os povos indígenas). Numa tal conjuntura – como o próprio autor nos diz no segundo capítulo –, a extrema direita tornou-se paradoxal e "surpreendentemente, a portadora da agenda das políticas sociais que tinham sido abandonadas pela social-democracia". Com a (não tão pequena) diferença de que tais políticas agora apenas valem "para nós" e não "para eles" (os imigrantes, os refugiados).

Santos apresenta-nos esse espaço de interregno como sendo marcado por um "fascismo financeiro", que procura transformar a democracia "na reprodutora mais dócil e na voz mais legitimadora de seus interesses", e por uma "desertificação das alternativas". Por isso, como sugere em outro recente texto[15], o autor não tem receitas fáceis para ver "a luz ao fim do túnel", mas considera pos-

[15] Boaventura de Sousa Santos, *O fim do império cognitivo: a afirmação das epistemologias do Sul* (Belo Horizonte, Autêntica, 2019).

sível dotar-se de uma lanterna portátil, a fim de "identificar o caminho como sendo o seu caminho e, assim, evitar acidentes fatais", que parta do reconhecimento das lutas que – no Sul e no Norte do planeta – se opõem ao domínio e à opressão e procuram oferecer novas pistas "a fim de reinterpretarmos o mundo antes de tentarmos transformá-lo".

Este livro – cujo enfático título parece responder a uma exigência primária do autor – é uma contribuição necessária e construtiva para a autocrítica do pensamento progressista que, na Itália, na Europa e no mundo, atravessa um momento de confusão. De fato, diz-nos Santos, enquanto a condição de irreversível contradição entre capitalismo e democracia surge cada vez mais clara, as forças da esquerda continuam a dividir-se entre aquelas que acreditam na possibilidade de regeneração do capitalismo (ou seja, num "capitalismo de rosto humano") e as que estão convencidas de que "o capitalismo é intrinsecamente desumano e, por isso, irresgatável".

Que diálogo poderá existir – questiona-se o autor – entre essas divisões radicais no campo progressista? Uma "sabedoria pragmática", a seu ver, sugeriria a separação entre as visões de curto e as de longo alcance, mantendo aberto o debate entre ambas, com a consciência de que as crescentes vitórias das várias forças populistas indicam que "a democracia representativa europeia perdeu a guerra contra o capitalismo e que, eventualmente, só uma articulação entre democracia representativa e democracia participativa poderá inverter a situação", como observado por Santos numa entrevista publicada na revista *Il Ponte*[16].

---

[16] Entrevista feita por Francesco Biagi e Gianfranco Ferraro, "Populismo, utopia e forme politiche del presente", *Il Ponte*, ano 72, n. 8-9, ago.-set. 2016, p. 215.

Ainda segundo o autor, a crescente ênfase na participação direta torna-se, muitas vezes, ambígua dado o uso que lhe é feito pelas forças populistas de direita, pois a sua intensificação – à luz da divisão dicotômica do mundo entre "nós" e "eles" que caracteriza seus dispositivos ideológicos – "pode ter como objetivo a exclusão dos benefícios da democracia e da deliberação democrática de grupos sociais muito significativos, sejam esses os habitantes de países menos desenvolvidos da Europa, os imigrantes ou os requerentes de asilo"[17].

É possível, pois, que o uso desonesto de instrumentos participativos possa não vir a produzir democracias de alta intensidade, que sejam estruturalmente diversas das de "baixa ou baixíssima intensidade que o neoliberalismo pretende impôr a nível global", e contra as quais muitos movimentos, como o dos Indignados ou do Occupy, têm lutado, interessados em combater uma deriva que levou o Estado de bem-estar social a transformar-se num "estado de mal-estar", e a normalidade constitucional a conviver com o estado de exceção permanentemente[18].

O otimismo de Santos emerge quando observa que, se a radicalização da democracia parece ser o núcleo central da consciência revolucionária possível no tempo atual, isso significa que "o ideal democrático ainda tem força suficiente para ser invocado contra a realidade democrática do nosso tempo". Para isso, sugere, temos necessidade de processos de "transformação de relações desiguais de poder em relações de autoridade partilhada"[19]. Essa mutação genética deverá ser dada, contextualmente, em pelo menos seis principais espaços-tempo: família, comunidade, produção, mercado, cidadania e relações internacionais.

---

[17] Ibidem, p. 213.

[18] Ibidem, p. 215.

[19] Idem.

Em coerência com tais ideias, o quadro de referência que Boaventura de Sousa Santos nos traça neste texto é feito com poucas pinceladas de grande clareza.

1) *In primis*, no prefácio, Santos define seu entendimento de esquerda como o conjunto de teorias e práticas transformadoras que, nos últimos 150 anos, resistiram à expansão do capitalismo e às relações econômicas, sociais, políticas e culturais que esse sistema gera. A seguir, 2) o autor evidencia que o capitalismo, o colonialismo e o patriarcado heteronormativo (com os seus corolários de sexismo, divisão arbitrária entre trabalho produtivo remunerado e trabalho reprodutivo não remunerado) são faces indissociáveis da mesma moeda. Nenhum desses componentes das atuais democracias de baixa ou baixíssima intensidade poderá ser suprimido de forma satisfatória sem a eliminação contextual dos outros, nem sem uma "guerra de trincheiras" que vá além da defesa das conquistas passadas que o capitalismo está arruinando, para conquistar novos direitos. Por fim, 3) Santos confirma a necessidade de enfrentar uma distinção (não fácil) entre "forças de esquerda" (que, naturalmente, tendem a autodefinir-se como integrantes do campo progressista) e "políticas de esquerda". Tal distinção deverá interrogar-se continuamente por quanto tempo "se pode manter a incongruência" entre as duas coisas, sem que seja legítimo pensar "que a força de esquerda em questão deixou de o ser".

É nesses três elementos que Boaventura de Sousa Santos assenta sua reflexão sobre o indispensável repensamento das nossas forças de esquerda e a pretensão – trabalhada durante décadas – de que a democracia representativa possa conviver com o capitalismo com certa dignidade. Para o autor, a ilusão de uma convivência possível alimentou-se de algumas importantes concessões do capital (como as taxas progressivas, as nacionalizações ou a intervenção do Estado na economia) que se tornaram possíveis, em primeiro lugar, no particular contexto da Grande Depressão e, depois, no pós-guerra. Superados tais contextos, o capitalismo, na veste de neoliberalismo, regressou plenamente à sua pulsão originária e à sua "agenda implícita silenciosa e insidiosa": acumulação infinita, concentração da riqueza e potencial transformação de qualquer tipo de atividade humana (e da natureza) em mercadoria.

A única via de fuga progressista desse beco sem saída consiste em retomar – com todas as armas possíveis – a tensão entre democracia e capitalismo. O que, para Santos, apenas parece possível, atualmente, retirando dos representantes o monopólio da representação e ampliando as áreas em que os cidadãos, em vez de elegerem os decisores políticos, possam eles próprios tomarem as decisões.

Em linha com seu pensamento de há muito (que surge em textos como *Democratizar a democracia*[20], assim como no forte empenho posto na difusão da Universidade Popular dos Movimentos Sociais), Boaventura de Sousa Santos não nos oferece uma receita de "democracia direta" do gênero da que é feita, por exemplo, por Davide Casaleggio, presidente da Associazione Rousseau, que, no verão de 2018, provocou o descontentamento e a indignação de muitos representantes políticos italianos[21] por ter declarado, de forma simplista e provocatória, que o Parlamento se tornará, de forma gradual, obsoleto e

---

[20] Boaventura de Sousa Santos, *Democratizar a democracia: os caminhos da democracia participativa* (Rio de Janeiro, Civilização Brasileira, 2002).

[21] Ver a reportagem "Casaleggio: 'Inevitabile superamento del Parlamento'. Pd: 'Autoritario'. Di Maio: 'Camere inutili? Dimostriamo contrario'", *Il Fatto Quotidiano*, 23 jul. 2018, disponível online, acesso em 23 out. 2018.

que acabará sendo substituído por instrumentos de democracia direta.

Pelo contrário, Santos insiste na necessidade de haver processos deliberativos bem pensados e organizados de diálogo entre as instituições e os cidadãos, não centrados na dicotomia entre "sim" e "não", o que torna muitos instrumentos de democracia direta redutores da complexidade e, portanto, armas perigosas ao serviço das propagandas fascistas e dos populismos de direita. E sublinha – como em outros textos – que a indispensável rearticulação entre democracia representativa e democracia participativa "deve começar nos próprios partidos políticos, com os simpatizantes e os militantes do partido a assumir as principais decisões na definição das agendas políticas do partido e nas escolhas dos candidatos"[22].

Nos primeiros capítulos deste livro, Santos argumenta que as forças conservadoras avançam a passos largos, ao passo que a esquerda retrocede no papel de defensora dos direitos dos mais frágeis, deixando-se esmagar por formas de realismo interessadas apenas em governar (em vez de enfrentar as raízes e os dilemas da modernidade) e perdendo a capacidade de interpretar criticamente o presente e a mudança das condições que o envolvem – quando, por exemplo, não consegue repensar as lutas sindicais à luz das novas precariedades, dos fascismos sociais e das novas formas de luta de classes. Ou quando encara o conflito não como um potencial democrático de crescimento coletivo, mas como um monstro que é preciso domar, amansar e silenciar. E o faz de todos os modos possíveis, incluindo os instrumentos participativos, muitas vezes usados em abundância para tentar

---

22 Francesco Biagi e Gianfranco Ferraro, "Populismo, utopia e forme politiche del presente", cit., p. 216.

simular formas de consenso difuso, evitando, assim, encarar abertamente os conflitos.

O autor enfatiza como, para além da sua proverbial e inata litigiosidade (ou talvez por causa dela), as forças de esquerda "tendem a ser pouco sensíveis à diversidade cultural e política do mundo" e "têm enorme dificuldade em conhecer as experiências de outras forças de esquerda noutros países e em se dispor a aprender" a partir de experiências diferentes das que fazem parte de seu horizonte tradicional (ou seja, sobretudo os países anglo-saxônicos e a França, que são, de todo modo, "malhas curtas" em relação ao movimento do planeta). Mesmo na América Latina – diz o autor – muitas forças de esquerda revelam-se racistas em relação às visões dos povos indígenas e afrodescendentes, que, todavia, fazem parte de seus contextos de desenvolvimento.

Por essa razão, Santos decide apresentar, a partir do capítulo 3, uma série de narrativas, contando-nos (em cinco países: dois europeus e três latino-americanos) diferentes experiências de diálogo entre forças de esquerda que, perante o perigo evidente de retrocesso dos direitos civis e sociais, procuraram e encontraram formas de empreender e de superar suas tradicionais divisões. Trata-se de histórias incompletas e em curso, que Santos atualizou detalhadamente para a edição italiana. As histórias não aparecem coroadas, necessariamente, de vitórias eleitorais e mantêm elementos de ambiguidade e de imperfeição; mas indicam um caminho em direção à renovação de visões do campo progressista, em oposição a muitos dos precedentes de contínuas reinicializações que não saíram do ponto de partida, quando a busca de uma unidade entre as forças de esquerda parecia, pelo contrário, um ponto final, para encobrir a ausência (ou evitar a busca) de uma renovação de seus conteúdos e modos de fazer política e políticas.

Os exemplos escolhidos por Santos para ilustrar a possibilidade das forças de esquerda de renegociar uma unidade em contexto pré-eleitoral (ou, nos casos ibéricos de democracia parlamentar, pós-eleitoral) são panoramas nacionais. Isso porque o autor reconhece a existência de importantes experiências de ressurreição local da esquerda, mas afirma que existe hoje a necessidade de mais ambição, em escala mais ampla. Os cinco exemplos encontram-se unidos pela busca de fatores explicativos ligados a particulares "fraturas": a contestação das políticas de austeridade impostas pela Troika no caso português; o desgaste produzido por muitos anos de governo PT no Brasil (semelhante à situação italiana); a fratura produzida pelo possível fim da luta armada na Colômbia; o difícil diálogo entre institucionalismo e movimentos extrainstitucionais no México; a fratura de uma identidade nacional no caso espanhol.

Ao final do prefácio, o autor declara a sua preferência pelas questões de fundo que a esquerda deve retomar, e por isso move-se entre escalas temporais diversas (sobretudo de médio e de longo prazos), propondo uma "análise não conjuntural da conjuntura". Tais análises procuram responder a um momento estrutural descrito como "momento reacionário global" e ver alternativas na aprendizagem mútua à escala global, "sem perder de vista os contextos e as necessidades específicas" de cada lugar. Suas histórias, desse modo, têm como objetivo aumentar o conhecimento recíproco, sublinhando a "exigência de uma nova convivência entre diferentes forças de esquerda" e sugerindo possibilidades de articulação, tanto de alcance nacional como internacional.

Nesse sentido, o livro convida a alargar os horizontes em direção a outros países (como se sugere no breve capítulo antes das conclusões). Podemos, por exemplo, a partir das cinco histórias aqui contadas, observar com um interesse renovado uma força nascente como o DiEM25, lançado em 2016 em escala europeia por Yanis Varoufakis (cuja equipe de coordenação foi recentemente reestruturada). Ou alguns partidos ecossocialistas de nova geração (como o dinamarquês Alternativet, o holandês GroenLinks ou o Vinstrihreyfingin, atualmente no governo na Islândia), mas também alianças nacionais centradas nos direitos sociais e civis, como a Vasemmistoliitto na Finlândia, a Demos na Romênia, a Razem na Polônia. Ou podemos, ainda, considerar as plataformas cívicas surgidas a partir de baixo na Espanha (as várias vagas municipais, além de forças como "Barcelona en Comú"), na Sérvia (Ne Davimo Beograd) e na Croácia (Zagreb je Naš) como reações participativas a intoleráveis especulações imobiliárias e privatizações selvagens dos serviços públicos. Mas podemos também valorizar os embriões de renascimento nos já decrépitos partidos clássicos. A título de exemplo, a experiência do "Momentum" – com seus ensaios participativos –, no sentido de reformar o Partido Trabalhista inglês, ou a vaga de resultados imprevisíveis que, durante as eleições primárias do Partido Democrata norte-americano antes das eleições intercalares, viram a inesperada afirmação de uma nova geração de mulheres, muitas de origem afro-americana ou hispânicas e oriundas das classes populares, que assumem com audácia posições antirracistas e feministas, ligadas aos temas da justiça social e ambiental, da igualdade salarial e dos direitos reprodutivos, com um vocabulário que apela ao senso comum e que, em forte afinidade com Bernie Sanders, repropõem, em contraposição às políticas centristas e neoliberais seguidas há décadas pelo seu partido, o orgulho por alguns dos horizontes "socialistas".

O livro de Santos é, sobretudo, um convite a alargar os horizontes temporais de quem se reconhece como sendo de esquerda, indo além do mito da vocação maioritária, ou seja, a necessidade de ser imediatamente maioria (imediatamente e a qualquer custo) na convicção de poder sê-lo – de maneira mais sólida e fundada – num horizonte temporal mais longo.

Obviamente, Santos tem bem presente o fato de que a fracassada conquista imediata dos espaços de governo pode gerar um retrocesso em muitos direitos, além de fazer avançar vários dos fascismos que ameaçam a democracia. Por isso convida a vigiar, a separar as questões, a encontrar convergências conjunturais mais amplas que não afundem a identidade das esquerdas, mas que possam dialogar com as bases das diversas forças da sociedade civil. E, sobretudo, identifica algumas áreas privilegiadas (saúde, emprego, relações contratuais, direito à moradia) a partir das quais seria oportuno iniciar a luta por uma renovação de visões e das convergências entre as esquerdas, à semelhança do que foi feito nos contextos analisados neste livro.

Nesse sentido, ainda que seja diferente no gênero e na forma narrativa, este livro é um texto em perfeita continuidade e alinhamento com toda a recente produção do sociólogo do direito português e com o anseio (que não se perdeu) de uma geração que, no início do milênio, criou o Fórum Social Mundial para olhar a globalização por meio de visões plurais. O livro mostra, em particular, uma grande consonância com *A gramática do tempo*[23] (infelizmente ainda sem tradução para o italiano), que é um convite a compreender nossa realidade cotidiana trabalhando, simultaneamente, com diferentes escalas temporais de referência, nas quais seja possível pôr em debate a formação de um campo progressista unificado na ação com o respeito pelas diferenças internas, o reconhecimento das diversidades e a compreensão mútua entre as forças de esquerda. De fato, para Santos, é importante que a vontade de convergir não neutralize a possibilidade de ter divergências construtivas, e que a escolha de convergir e/ou divergir seja moldada de acordo

---

23 Boaventura de Sousa Santos, *A gramática do tempo: para uma nova cultura política* (3. ed., São Paulo, Cortez, 2018).

com os contextos e as limitações. Sem jamais renunciar à indispensável ambição de unanimemente defender a "dignidade dos seres humanos e da natureza por via da radicalização da democracia".

# Prefácio à edição mexicana

**Gustavo Esteva**

A análise rigorosa e bem informada dos desafios políticos atuais apresentada neste livro converte-o, desde o primeiro momento, em leitura obrigatória, bem apropriada a tempos confusos e incertos como estes em que nos tocou viver.

"Desastre" foi a palavra eleita pelos japoneses para definir o estado de ânimo em 2018. É um sentimento geral. Os múltiplos desastres naturais combinam-se com um caudal interminável de desastres políticos, sociais e econômicos, com o regresso de fomes como não se viam desde a Idade Média, autoritarismos que se acreditavam extintos, desigualdades mais profundas que nunca, violências que abarcam todas as esferas da realidade. Presenciamos, horrorizados, o deslizamento para a barbárie que antecipou Anselm Jappe como inevitável consequência dos processos destrutivos em que embarcou o capitalismo; e que como o próprio disse, não constituem uma oportunidade de emancipação, mas sim uma perspectiva atroz.

Boaventura analisa neste livro os riscos do interregno aberto pela crise financeira de 2008-2011, quando o ciclo reacionário sequestrou a democracia de tal modo que "o fascismo não está longe, ele está no meio de nós". O sentido de urgência que se sente nesse apelo corresponde à generalização e à unificação do que parecia uma propensão ou uma tentação e que se tornou uma tendência política central. Perante tal tendência, não encontra correntes revolucionárias ou reformistas, como no século XX, mas apenas contrarreformismo defensivo e democracia de baixa intensidade. É hora de juntar forças, em vez de continuarmos divididos por disputas irrelevantes.

Apesar do título, o livro não se dirige apenas às "esquerdas". Boaventura chama de esquerda, sem ambiguidade, a postura política antipatriarcal, anticapitalista e anticolonial que luta por uma sociedade alternativa mais justa e livre. Mas seu apelo não se refere apenas a isso. Também apela às "esquerdas" que apenas procuram regular o capitalismo e controlar seus excessos, que acreditam na regeneração do capitalismo ou num capitalismo de rosto humano, e mesmo aquelas que apenas enfrentam defensivamente o regime dominante, para proteger-se do despojo, assim como aos cidadãos que, sem estarem organizados, partilham algum desses empenhos. O livro explora como conseguir que correntes tão distintas se articulem entre si e com aqueles que consideram que o capitalismo é intrinsecamente desumano e, portanto, irreformável. Pensa que apenas no campo democrático é possível hoje lutar pelo poder, mas reconhece sem reservas a profundidade de sua crise e analisa como as instituições se desinstitucionalizam. Ao mesmo tempo, aprecia o papel das forças extrainstitucionais dentro desse panorama confuso.

Seu apelo parece fluir sem dificuldade pelo que acontece hoje em Portugal e mesmo na Espanha, ou pelo que poderia ter acontecido na Colômbia ou no Brasil se todas as "esquerdas" o tivessem atendido. Mas tropeça ao chegar ao México – que é o que me toca explorar neste prefácio para a edição mexicana. Tropeça, antes de tudo, pela imprecisão em que se incorre se quisermos chamar de "esquerda" qualquer uma das forças políticas organizadas que competem no campo democrático mexicano, inclusive a que triunfou nas eleições... em aliança com as "direitas".

Na noite de 1º de julho de 2018, o entusiasmo popular transbordava no Zócalo da Cidade do México. A algazarra parecia incontrolável e profunda. Velhos militantes retiravam-se da festa abraçados uns aos outros. Não se podia evitar algumas lágrimas. Por fim havia-se cumprido o sonho que traziam desde as lutas adolescentes. Para eles, naquele dia, um sujeito social formado por 30 milhões de pessoas tinha iniciado uma transformação sem precedentes.

Em 1990, Vargas Llosa caracterizou o regime político mexicano como "a ditadura perfeita"; e, em maio de 2018, viu-o em perigo, pois o triunfo de AMLO "empurraria o México para um desastre [...] de consequências muito graves para a América Latina". Expressou a esperança de que "esse grande país não se suicide elegendo um demagogo, um populista irresponsável"[1]. Depois do 1º de julho, a "direita ilustrada" mexicana multiplicou suas advertências perante o perigo que se pairava sobre o país. Krauze, Aguilar Camín, Roger Bartra e outros mostraram-se desolados e furiosos. Os movimentos nervosos na bolsa de valores ou a taxa de câmbio pareciam dar-lhes razão; viam-nos como o prelúdio da catástrofe que o "messias tropical" (Krauze) traria sobre o país. Não deram grande importância aos sinais amistosos de Trump, que chegara a considerar AMLO "inaceitável" para Washington. Tão pouco levaram em conta a recuperação da bolsa e a taxa de câmbio ou o aumento inusitado do índice de confiança do consumidor, o mais alto na história desse indicador oficial.

---

1 Notimex, "AMLO podría empujar a México a un desastre; ojalá ese país no se suicide, dice Vargas Llosa", *Animal Político*, 4 maio 2018, disponível online, acesso em 31 dez. 2018.

No outro extremo do espectro transbordou o entusiasmo de acadêmicos, intelectuais e analistas. Poucos acompanharam Gustavo Gordillo quando afirmou, no jornal *La Jornada* de 14 de junho de 2018, que havia sido produzida uma "revolução política", ou Enrique Dussel quando anunciou a chegada do "messias", no mesmo *La Jornada*, em 1º de agosto. Mas Immanuel Wallerstein teve amplo eco, quando assinalou na Universidad Nacional Autónoma de México que o triunfo de López Obrador foi "uma grande vitória para a esquerda mundial", que teria um impacto "monumental" e até poderia ser um "dique para a direitização do mundo"[2]. Para Víctor Toledo, em declaração ao *La Jornada* de 17 de julho, AMLO "será um 'governo de esquerda' sem paralelo na história do mundo". Tanto ele como Armando Bartra consideram que AMLO não é anticapitalista, mas sim antineoliberal. Segundo Bartra, "o Sul profundo não foge do capitalismo", mas "vai em direção ao capitalismo nortenho [...], aos odiosos 'polos de desenvolvimento, lugares que são, sem dúvida, infernos sociais, mas onde existe emprego, quiçá menos violência e a ilusão de um futuro melhor'". Para fazer um "sudeste habitável", declarou Bartra ao *La Jornada del Campo* em 15 de dezembro de 2018, "deve haver investimento público, social e privado".

As redes sociais explodiram de indignação contra os zapatistas, quando situaram AMLO na direita, ou contra John Womack, o historiador de Harvard, quando declarou em 28 de julho ao jornal *Sin Embargo* que AMLO parece de esquerda em Wall Street, mas apenas representa "uma reconfiguração das mesmas fileiras do

---

2 Ver os vídeos do seminário "La transformación histórica del régimen mexicano en el contexto global: los retos para el nuevo sexenio", promovido pela Unam em 7-9 nov. 2018, disponíveis online, acesso em 31 dez. 2018.

capitalismo" e não preconiza "uma mudança verdadeira em benefício do povo".

## O fim de um regime

No dia 1º de julho cravaram-se os últimos pregos no caixão do regime político que prevaleceu no México por noventa anos, o da "ditadura perfeita" e a "presidência imperial". O longo processo de desmantelamento da estrutura construída pelas sucessivas encarnações do Partido Revolucionario Institucional (PRI) chegou por fim ao seu termo.

Desde 1968 exige-se a "abertura democrática", coisa que o regime se viu obrigado a atender. Sua combinação eficaz de cooptação e repressão manteve uma estabilidade relativa e, em 1988, pôde, todavia, controlar a primeira insurreição eleitoral, quando as esquerdas se uniram em torno de Cuauhtémoc Cárdenas. Surpreendeu a todos o resultado da segunda insurreição, no ano 2000, que foi uma rejeição ideologicamente heterogênea do sistema e obrigou o PRI a converter-se numa coligação instável de máfias que reproduzia sua estrutura original em escala local e regional. O Partido Acción Nacional (PAN), assumidamente de direita, operou o dispositivo que herdou de forma tão incompetente como criminosa, o qual propiciou o retorno do PRI em 2012. Não foi uma restauração, que já resultava impossível, mas uma aceleração do desmantelamento político e ideológico do regime, que já não pôde resistir à terceira insurreição eleitoral em 2018.

Não devem ser desprezados os esforços democráticos realizados a partir da base social, mas o desmantelamento do regime deveu-se sobretudo à operação a partir de cima, que respondia a exigências internas e externas de "normalizar" o sistema. José López Portillo viu-se, legitimamente, como o último presidente da Revolução. A partir de 1982, por meio de golpes de Estado incruentos[3] e muitas outras iniciativas, o regime abandonou progressivamente a ideologia do "nacionalismo revolucionário" com que nasceu, corrigiu anomalias numa sociedade capitalista – como a de manter a terra agrícola fora do mercado – e adotou abertamente o credo neoliberal.

O imenso descontentamento que se estendeu por todo o país nesse período expressou-se no 1º de julho como uma rejeição generalizada das classes políticas e do regime dominante. López Obrador aparecia para muita gente como um homem honesto, opositor radical do que é chamado de "a máfia do poder" e comprometido com as causas populares. Seu Movimiento Regeneración Nacional (Morena) é até hoje uma organização heterogênea e dispersa, que não carrega ainda o desprestígio dos partidos políticos. Os 30 milhões de votos não expressaram a vontade de um "sujeito social" política e ideologicamente coerente, mas a saturação da maioria dos votantes. O fato de terem usado uma das ferramentas criadas pelo sistema para administrar a vontade coletiva produziu o paradoxo de que a recusa geral do regime o afirmou: pela primeira vez na história do país foi possível acreditar que a vontade de uma maioria expressa livremente tinha sido respeitada e que tinha ficado um digno representante dos interesses maioritários. Gerou-se assim uma dupla ilusão: que a mera agregação estatística de apostas individuais havia formado uma "vontade coletiva", e que esse procedimento pode produzir a mudança que as pessoas querem e necessitam. A realidade já está refutando essa dupla ilusão, mas persiste o ânimo coletivo de repúdio do governo e de suas políticas, o qual será uma pressão contínua sobre o novo governo.

---

3 O primeiro foi o de Miguel de la Madrid, quando, no dia em que tomou posse como presidente, substituiu a velha classe política do gabinete pela tecnocracia neoliberal.

Não existe possibilidade alguma de que o regime que terminou em 1º de julho ressuscite ou se reconstrua. O desmantelamento é profundo e generalizado. Se o PRI lograr sobreviver e ganhar alguma eleição, não poderia operar com uma estrutura que já não existe; seria afinal, quiçá, um autêntico partido político. Os governadores do PRI já enfrentam o escrutínio: não podem contar com a estrutura que tinham nem com um partido que ainda não se formou. Pouco a pouco acomodam-se às novas circunstâncias, apoiando-se de cima tanto como podem.

O novo presidente pode sentir a tentação de atuar como se o regime ainda estivesse presente, aproveitando sua legitimidade e popularidade pessoais e o seu relativo controle dos aparelhos. Além de configurar crime, tentá-lo seria um erro gravíssimo, que se faria imediatamente evidente; e, longe de permitir-lhe governar, antes o impediria. Aquilo a que se chamou "presidência imperial" já não existe. AMLO pode aproveitar para as suas políticas e intenções, como já está fazendo, as inércias do sistema e algumas das estruturas que se mantêm, mas pretender retomar o exercício imperial é uma ilusão perigosa, que se alimenta com acordos cupulares, particularmente com empresários, que têm toda a marca dos velhos usos e costumes do PRI... mas que já não podem ser o que eram.

## A questão do Estado

Desde o chamado Consenso de Washington que se associa a orientação neoliberal com a estabilização macroeconômica, a liberalização do comércio e o investimento e a expansão das forças do mercado no seio de um Estado democrático de direito, que é a forma política do capitalismo. Conforme essa orientação, à medida que as forças do mercado assumem mais claramente a condução da economia e o atendimento das necessidades sociais, reduzem-se as funções e os recursos dos aparelhos estatais que o Estado de bem-estar social, construído depois da Segunda Guerra Mundial, ampliou continuamente em quase todo o mundo. Fazem parte dessa orientação os programas sociais desenhados pelo Banco Mundial para combater a instabilidade social associada à "pobreza extrema"; essas transferências financeiras cumprem a função de individualizar os "pobres", dissolvendo seus sistemas comunitários, e de educá-los para o consumo, inserindo-os mais profundamente na economia monetária.

Essa orientação foi celebrada por um amplo setor da esquerda latino-americana, que a viu como um corretivo oportuno do "ajuste estrutural" dos anos 1980. "Um operário metalúrgico", declarou Lula com orgulho em 2010, "está fazendo a maior capitalização da história do capitalismo"[4]. Um amplo setor da esquerda brasileira aplaudiu seu Programa de Aceleração do Crescimento (PAC) e sua aliança com empresários e corporações transnacionais desenvolvimentistas, assim como a incorporação de 35 milhões de brasileiros nas classes médias consumistas. Para Lula, suas políticas eram "tudo o que a esquerda sonhava que se fizesse".

O novo presidente do México segue pontualmente esse guião. Wall Street e o *The Economist* têm celebrado sem reservas o compromisso de López Obrador com a estabilidade macroeconômica e a liberalização do comércio e do investimento, além de suas alianças com as corporações para expandir as forças do mercado. Também é celebrado o emagrecimento do Estado, libertando-o da gordura burocrática, a redução do nível obsceno dos salários da alta burocracia e o abatimento da corrupção.

---

4 Ver, por exemplo, Luis Nassif, "A maior capitalização da história", *GGN*, 24 set. 2010, e Rafael Lemos, "Em clima de fim de governo, Lula abusa das bravatas", *Veja*, 7 out. 2010; ambos disponíveis on-line, acesso em 6 jun. 2018.

Recebem aplausos generalizados, igualmente, suas transferências monetárias para os "pobres", que fortalecem o mercado interno e melhoram as condições materiais da vida de milhões de pessoas, ao preço de individualizá-las e introduzi-las no mercado.

É possível que a administração de López Obrador se distinga dos governos "progressistas" da América Latina no que toca à corrupção. Lula é provavelmente inocente daquilo que é acusado, mas não da corrupção que caracterizou seu governo; funcionários da Odebrecht, por exemplo, acompanharam-no em visitas a outros países. A honestidade pessoal de López Obrador é amplamente conhecida, e não é mera retórica sua campanha contra a corrupção. Seu compromisso é sério, e a decisão de começar a limpeza de cima tem sentido. No meio das tensões que seu empenho já provocou, sustentou que "lhe tinham enchido o prato" ao concluir que "o governo não estava para apoiar o povo, mas para facilitar a corrupção", em declaração ao *La Jornada* de 12 de janeiro 2019. Não é exagero[5]. Está lutando contra uma atitude que dissolveu as fronteiras entre os aparelhos públicos e privados e instituiu a corrupção como prática generalizada tanto no governo como na sociedade. Contudo, como assinala Boaventura, coloca-se a ênfase "na imoralidade e na ilegalidade do capitalismo, e não na injustiça sistemática de um sistema de dominação que se pode realizar no perfeito cumprimento da legalidade e a moralidade capitalistas".

O tamanho do Estado é um assunto ambíguo na era neoliberal. Nas administrações de Reagan e Thatcher, os dois campeões dessa orientação, o setor público cresceu

---

[5] A magnitude do desafio tornou-se inteiramente evidente nas primeiras semanas de governo, pelo empenho contra o *huachicoleo* (roubo de petróleo), que subtraía da empresa estatal mais de 60 milhões de pesos ao ano e contaminava tanto o governo como a sociedade.

como nunca. Tanto eles como seus sucessores aumentaram continuamente gastos militares e policiais, assim como com o sistema prisional, ao mesmo tempo que reduziam, conforme a resistência popular permitia, os gastos em educação, saúde e outros serviços, além das regulações que protegem e as suas alianças com as corporações para expandir as forças do mercado, gastos militares e policiais, os mesmo que sustentavam o capital e os seus excessos.

AMLO, aparentemente, não seguirá por esse caminho. Mas não está clara a forma, tampouco o tamanho e as funções que teriam os aparelhos estatais sob sua administração, como suas políticas em matéria de segurança e em particular a criação da Guardia Nacional. Não parece disposto a abater os gastos militares e policiais, como prometeu em campanha, e a orientação permeia todos os aparelhos, muitos dos quais ficaram nas mãos de funcionários da capital.

## Para além do campo democrático

A euforia do 1º de julho prolongou-se ao 1º de dezembro e estendeu-se ainda mais no começo de 2019. Tanto aqueles que consideraram como seu o triunfo de AMLO, vendo nele a materialização de um velho sonho, como aqueles que já começaram a receber benefícios de suas políticas sociais continuam a celebrar o triunfo da "esquerda". Ao mesmo tempo, tornaram-se evidentes as contradições profundas entre as políticas e as alianças da nova administração e amplos setores da base social.

No plano estritamente institucional, o fato de o Morena ter se transformado em partido político a partir de sua condição atual torna quase inevitável que atue como um "partido de Estado", no molde original do PRI, reconstruindo sob novas bases os dispositivos anteriores. Contudo, não parece possível aplicar com êxito a combinação de cooptação e repressão que deu estabilidade ao velho regime, tampouco será possível contar com os mesmos recursos políticos e econômicos. Por esse caminho, o governo ficaria sem outra saída senão o aberto exercício autoritário.

O presidente rejeita explicitamente essa opção e coloca como um dos principais objetivos políticos de seu governo o restabelecimento do Estado democrático de direito, com separação real de poderes e respeito pela lei. Quer que o México tente pela primeira vez o exercício da democracia liberal, que não pôde arraigar nem no século XIX nem no XX, operando como mera aparência formal... até o 1º de julho de 2018, quando o resultado eleitoral lhe deu alguma forma de existência real.

Para o governo, a tarefa parece impossível. Nem nas instituições nem fora delas existem as tradições e os hábitos que permitiriam esse funcionamento. Não existem nem no país nem no mundo condições apropriadas para tal experiência. As tensões com o poder judicial e o Banco do México, pelo ajuste de salários, ou com o Congresso e os governadores, pela nomeação de "superdelegados", ilustram bem o desafio. A questão central será a dos sindicatos, que funcionavam corporativamente como instrumentos de controle e agora enfrentam crises internas, à medida que o presidente se distancia de seus dirigentes corruptos e surgem oportunidades de democratização. A recomposição de todos os corpos sociais e políticos, institucionais e extrainstitucionais, que seria condição para o funcionamento eficaz da democracia liberal, requer prazos que não se ajustam às exigências da circunstância.

Cuauhtémoc Cárdenas, que se manteve sempre dentro do horizonte do Estado democrático de direito, publicou uma carta aberta a López Obrador no dia 24 de agosto, em nome do coletivo "Por México Hoy"[6], em que examina as limitações e contradições de suas propostas, assinalando que não encontra nelas uma política de esquerda. Considera que "a rebelião eleitoral abriu uma brecha importante na disputa pelo país, um espaço que deve ocupar-se com participação social organizada, com propostas concretas e com a construção de um sentido comum emancipatório". Segundo Cárdenas, a única opção para avançar nesse sentido encontra-se na "articulação com as distintas organizações da sociedade civil que desenvolvem sua atividade em território nacional, ocupando todos os espaços, públicos, institucionais e mediáticos". Sugere que se unam todas as "esquerdas" extrainstitucionais. Boaventura, por sua vez, propõe uma nova articulação entre todas as forças de esquerda, tanto na escala nacional como globalmente. Como isso seria possível no México, no curto prazo, e com quem poderiam aliar-se as "esquerdas" para além das fronteiras nacionais? Num prazo mais amplo, o que significa, no contexto mexicano, sua proposta de "revolucionar a democracia" e "democratizar a revolução"?

Parece claro que forças extrainstitucionais de "esquerda" fizeram parte da rebelião eleitoral do 1º de julho. Fizeram-no sem concertação alguma e sobretudo como expressão de decisões individuais ou de pequenos coletivos. A partir do 1º de julho, boa parte dessas forças tem expressado aberta oposição às políticas e aos programas do novo governo. Organizações de âmbito nacional, como o Congreso Nacional Indígena e a Red Mexicana de Afectados por la Minería, assim como outras locais e regionais, questionaram abertamente decisões e projetos de desenvolvimento das autoridades, denunciando não

6 Ver "Cárdenas critica 'señales contradictorias' y 'excesos centralistas' en anuncios de AMLO", *Processo*, 24 ago. 2018, disponível online, acesso em 7 jun. 2019.

só suas limitações ou contradições mas também a ameaça que representam para as vidas e para os territórios dos povos, especialmente os indígenas.

Há tempos López Obrador defendia que se tratava de aparar as arestas mais agudas do neoliberalismo. Era uma posição realista, que manteve até hoje. Nas atuais circunstâncias do México e do mundo, não é possível fazer mais que isso a partir do governo. Corrigirá alguns dos excessos mais atrozes do período recente, abaterá a corrupção e a violência, ampliará e aprofundará programas sociais, restabelecerá em alguma medida o Estado de direito, resgatará esferas da atividade pública em franca decadência – no petróleo e na eletricidade, como na educação ou na saúde – e fará algumas outras coisas. Trata-se de avanços muito importantes, que não devem depreciar-se e podem fortalecer tanto sua legitimidade como sua popularidade. Mas são insuficientes perante os desafios atuais do país, que excedem por completo sua margem de manobra; não basta apostar em ser o fiel da balança entre os interesses populares e os do capital. AMLO está consciente disso; precisa de gente. A transformação radical que faz parte do seu sonho exige chegar muito mais longe do que ele pode fazer a partir do governo. Apenas poderia materializar-se com a sociedade organizada, com a articulação de todas as "esquerdas", as institucionais e as extrainstitucionais, as que são claramente antipatriarcais, anticoloniais e anticapitalistas e as que apenas procuram deter o despojo e o horror atuais e defender alguns direitos fundamentais.

Ao escrever estas notas, isso parece impossível. Na celebração do 25º aniversário de seu levante, os zapatistas reafirmaram suas conquistas notáveis, o mundo novo que nasceu em suas terras, e, ao mesmo tempo, mostraram seu firme e profundo antagonismo ao novo governo. Deixaram registrada a decisão de manter seu caminho, contra ventos e marés, e defendê-lo por todos os meios possíveis das ameaças que sentem muito próximas.

Num documento de enorme importância[7], publicado em 2 de janeiro de 2019, o Congreso Nacional Indígena (CNI) e o Concejo Indígena de Gobierno (CIG) saudaram o aniversário, sublinharam a forma como o caminho dos povos indígenas do México tomou o mesmo rumo que o dos povos zapatistas até se tornar um caminho único, denunciaram que o novo governo aprofunda a ofensiva contra os povos indígenas e anunciaram que, de sua parte, a resistência e a rebeldia serão aprofundadas.

Nem o CNI nem o CIG ou o EZLN podem servir como argamassa articuladora de "esquerdas" extrainstitucionais e menos ainda das institucionais, que lutam apenas pela própria sobrevivência ou relevância, ou do Morena e de AMLO. Não existe, dentro ou fora do governo, uma força capaz de cumprir essa função.

Contudo, como observa Boaventura, no século XX esgotou-se a possibilidade de que os processos de mudança ocorram sob a liderança estatal. Somente as esquerdas, como ele diz, podem salvar a democracia da ameaça atual, que não pretende substituí-la por uma ditadura, mas convertê-la em um instrumento despótico que facilite o despojo e a destruição, porque nela operam "três modalidades principais de dominação: o capitalismo, o colonialismo e o patriarcado". Para que o empenho tenha sentido, é preciso transcender a democracia liberal, trabalhar na participativa com os movimentos sociais e avançar na construção daquilo que temos chamado de "democracia radical".

---

7 Comisión de Coordinación y Seguimiento del Congreso Nacional Indígena/Concejo Indígena de Gobierno, "Comunicado del Congreso Nacional Indígena y el Concejo Indígena de Gobierno por el 25 aniversario del levantamiento armado del Ejército Zapatista de Liberación Nacional", CNI, 2 jan. 2019, disponível online, acesso em 11 jan. 2019.

O ciclo reacionário que este livro tem como referência é também o tempo da rebelião dos "coletes amarelos", que se estende já por 22 países. Emerge em todas as partes uma rejeição radical do sistema de representação em todas as suas formas: "os meus sonhos não cabem nas suas urnas", disseram os Indignados na Espanha; "Que se vão embora todos!", demandaram os argentinos. Rejeita-se com firmeza o patriarcado, o colonialismo e o capitalismo. Como afirma Catherine Walsh, a "esquerda" tornou-se parte do problema e ganham cada vez mais sentido a de cima e a de baixo que faz tempo propuseram os zapatistas.

Os de baixo estão de pé e em movimento. A eles dirige-se o apelo de Boaventura. Em *Trece cartas a las izquierdas*, um texto que é o companheiro natural deste livro, defende que "esperar sem esperança é a pior maldição que pode cair sobre um povo" e que "a esperança não se inventa: constrói-se com inconformismo, rebeldia competente e alternativas reais à situação presente"[8]. Parece que "estamos a reaprender a alimentar-nos da erva daninha que a época passada não logrou erradicar [...]: a utopia".

Apenas os de baixo podem impedir a viragem à direita que se antecipa em AMLO e faz pensar no Syriza. E eles, igualmente, seriam capazes de reanimar a Internacional de la Esperanza, que propuseram os zapatistas em 1996 no Encuentro Intercontinental por la Humanidad y Contra el Neoliberalismo. Parece ter chegado a hora.

---

8 Boaventura de Sousa Santos, *Trece cartas a las izquierdas* (Bogotá, Desde Abajo, 2017). Edição portuguesa: *Pneumatóforo: escritos políticos, 1981-2018* (Coimbra, Almedina, 2018), p. 347-404.

# Conclusão

Com frequência, apelamos para a necessidade de fazer análises concretas de situações concretas, mas a verdade é que raramente concretizamos. As diferentes forças de esquerda devem continuar a afirmar sua diversidade e a analisar a sociedade com uma visão de médio e longo prazos. O tema abordado neste texto visa responder a um contexto específico, um contexto em que as forças de esquerda têm de ser simultaneamente mais humildes e mais ambiciosas. Têm de ser mais humildes, porque têm de operar num mundo em que o objetivo de construir um sistema globalmente alternativo ao capitalismo, ao colonialismo e ao patriarcado não está na agenda política. Essa ausência cria um vazio que, por agora, parece só poder ser preenchido por alternativas locais e iniciativas que prefigurem uma sociedade alternativa. Mas têm de ser mais ambiciosas, porque, tal como estão as coisas, só as esquerdas podem salvar a humanidade dos efeitos mais destrutivos e do imenso sofrimento humano decorrentes de uma catástrofe social e ambiental, que não parece estar longe.

Sua ação deve consistir na defesa da dignidade dos seres humanos e da natureza por via da radicalização da democracia, uma democracia de alta intensidade, necessariamente pós-liberal. Será um processo histórico longo, caracterizado por dois princípios-guia: revolucionar a democracia e democratizar a revolução. No ponto a que chegamos no fim da nova (des)ordem neoliberal iniciada em 1989, é necessário começar com pequenos passos. O contexto é de fascismo social e político difuso. Mesmo assim, o processo de radicalização enfrenta duas grandes dificuldades.

A primeira é que tem de começar com a democracia liberal, mas não pode terminar nela. Tem de levá-la a sério e envolver-se a fundo nela, sem se deixar corromper por ela. Tem de defendê-la ao ponto de convencer públicos amplos de que a democracia não pode ser defendida se não adotar mecanismos e ampliar os campos democráticos para muito além dos limites da democracia liberal. As esquerdas sempre se colocaram no avesso da democracia liberal para denunciar os limites, as mentiras e as exclusões ocultas pelo lado direito desta. Hoje se sentem chamadas a atuar no lado direito da democracia liberal, mas sabem que estarão perdidas no momento em que perderem de vista as realidades do lado do avesso.

A segunda dificuldade consiste no fato de que as esquerdas têm de operar simultaneamente no curto e no longo prazo, o que vai contra toda a lógica da democracia liberal, uma lógica que foi demasiado interiorizada por muitas forças de esquerda. A razão por que se afirma com frequência e com alguma verdade que a direita identifica melhor seus interesses que a esquerda é que, ao contrário da esquerda, a direita, tal como o capitalismo, só pode ver e só tem de ver o curto prazo – e no curto prazo é sempre mais fácil identificar ganhos e perdas.

No fim desta reflexão, talvez seja possível responder a uma intrigante questão: por que os partidos de esquerda, que durante décadas foram muito críticos à democracia liberal, são hoje seus melhores e mais genuínos defensores? E por que o fazem no momento em que a falência da democracia liberal parece evidente? A resposta é esta. O neoliberalismo e o capital financeiro global são inimigos da democracia, seja de alta, seja de baixa intensidade, e as forças de direita que optarem por seguir os ditames deles terão de optar cada vez mais por políticas antidemocráticas. À medida que a direita se consolidar no poder, a democracia será descaracterizada, a tal ponto que o novo regime político, ainda sem nome, será uma nova forma de ditadura sob fachada democrática. Ora, as esquerdas sempre estiveram na linha de frente da luta contra as ditaduras, e a luta antifascista foi o objetivo a que mais facilmente se coligaram. As esquerdas começaram a perceber que a democracia é sequestrada por forças antidemocráticas e que, quando isso ocorre, o fascismo não está longe, se é que não está já entre nós. A sensação de perigo iminente é o que melhor explica a nova vontade de articulação entre as forças de esquerda.

E, tal como os inimigos da democracia atuam globalmente, será crucial que as forças de esquerda se articulem não só no plano nacional mas também globalmente. O socialismo como democracia sem fim poderia ser o lema de uma nova internacional das esquerdas. De todo modo, a nova internacional, ao contrário das anteriores, não visaria criar nenhuma organização, muito menos definir a linha política correta. Visaria apenas criar um fórum em que as esquerdas de todo o mundo pudessem aprender umas com as outras os tipos de obstáculo que surgem quando se articulam lutas e se juntam forças, em que contextos essa articulação pode ser desejável e quais são os resultados quando a articulação ou a unidade não ocorrem. Nesse sentido, é possível acordar no *slogan*: "Esquerdas do mundo, uni-vos!".

# Sobre o autor

**Boaventura de Sousa Santos** é doutor em sociologia do direito pela Universidade Yale (1973), além de professor catedrático jubilado da Faculdade de Economia da Universidade de Coimbra e *Distinguished Legal Scholar* da Universidade de Wisconsin-Madison. É diretor emérito do Centro de Estudos Sociais da Universidade de Coimbra.

Autor reconhecido e premiado em diversas partes do mundo, tem escrito e publicado extensivamente nas áreas de sociologia do direito, sociologia política, epistemologia e estudos pós-coloniais, sobre movimentos sociais, globalização, democracia participativa, reforma do Estado e direitos humanos, além de fazer trabalho de campo em Portugal, no Brasil, na Colômbia, em Moçambique, em Angola, em Cabo Verde, na Bolívia e no Equador. Seus textos encontram-se traduzidos em espanhol, inglês, italiano, francês, alemão, chinês, dinamarquês e romeno. Em 2018, foi-lhe atribuído o Prêmio Latino-americano e Caribenho de Ciências Sociais da CLACSO.

De sua vasta obra, a Boitempo publicou: *Renovar a teoria crítica e reinventar a emancipação social* (2007) e *A difícil democracia: reinventar as esquerdas* (2016). É também poeta, com diversos livros publicados, desde *Antologia de poesia universitária*, em 1962. Em 2017, lançou, pela Confraria do Vento (Rio de Janeiro), *Crônicas de Acabária* e *Manifesto Antipteridófitas*.

## OUTRAS PUBLICAÇÕES DA BOITEMPO

*Uma autobiografia*
**Angela Davis**
Tradução de **Heci Regina Candiani**
Orelha de **Anielle Franco**
Quarta capa de **Zezé Motta**

*Como ser anticapitalista no século XXI?*
**Erik Olin Wright**
Tradução de **Fernando Cauduro Pureza**
Apresentação de **João Alexandre Peschanski**
Posfácio de **Michael Burawoy**
Orelha de **Ruy Braga**

*Desmilitarizar*
**Luiz Eduardo Soares**
Apresentação de **Marcelo Freixo**
Orelha de **Julita Lemgruber**
Quarta capa de **Paulo Sérgio Pinheiro**

*Feminismo para os 99%: um manifesto*
**Cinzia Arruzza, Tithi Bhattacharya e Nancy Fraser**
Tradução de **Heci Regina Candiani**
Prefácio de **Talíria Petrone**
Orelha de **Joênia Wapichana**

*Marx nas margens*
**Kevin B. Anderson**
Tradução de **Allan M. Hillani e Pedro Davoglio**
Apresentação de **Guilherme Leite Gonçalves**
Orelha de **Jones Manuel da Silva**

*Mulheres e caça às bruxas*
**Silvia Federici**
Prefácio de **Bianca Santana**
Orelha de **Sabrina Fernandes**

## ARSENAL LÊNIN

Conselho editorial Antonio Carlos Mazzeo, Antonio Rago, Augusto Buonicore, Ivana Jinkings, Marcos Del Roio, Marly Vianna, Milton Pinheiro e Slavoj Žižek

*Democracia e luta de classes: textos escolhidos*
**Vladímir Ilitch Lênin**
Tradução de **Edições Avante! e Paula Vaz de Almeida**
Organização e apresentação de **Antonio Carlos Mazzeo**
Orelha de **Fábio Palácio**

Publicada em outubro de 2019, esta segunda edição de *Esquerdas do mundo, uni-vos!* foi composta em Chaparral Pro, corpo 11/13,5, e impressa em papel Avena 80 g/m² pela gráfica Sumago, para a Boitempo, com tiragem de 2 mil exemplares.